香港人は本当に敗れたのか

産経新聞元中国総局長
藤本欣也

産経新聞出版

はじめに――香港人の戦いは終わっていない

２０２１年10月19日、香港の法廷で23歳の女性、符凱晴《ふがいせい》被告が陳情書を読み上げた。19年11月、警官隊とデモ隊が激しく衝突した香港中文大学で逮捕され、暴動罪などに問われていた。

「裁判官閣下、まず申し上げたいのは、あなたの憐憫《れんびん》にすがろうと思ってこれを読み上げるのではないということです。自分の行為を後悔しておらず、情状酌量を求めるつもりはないと言ってきました」

中文大で看護を学ぶ学生だった彼女は続けた。「裁判所の判決によって、デモ参加者の行為が誤りであり無駄だったことが証明されたと考える人もいるでしょう。しかし――」

「強権体制下の法というものは、血を流さない暴力手段です。裁判所も正義を明らかにする場所ではなくなりました。表面的な社会秩序にのみ関心を注ぎ、社会を分裂させる根本的な原因から目を背《そむ》けています。政治事件の刑罰は日増しに厳しくなっているのです」

「閣下は、判決に不服なら上訴できるとおっしゃるかもしれません。ですが、私は香港の司法制度をもはや信用していませんし、上級審で反対意見が聞き入れられることはもはやないでしょう」

そして、こう締めくくったのだ。「私が望むのは、この機会に自らの不服の意志を表明することだけです。もし裁判所が、重い刑罰を科すことによって私を後悔、反省させることができると思うのなら、どうぞお好きなように――」

この女子学生の〝反抗〟に、心の中で快哉《かいさい》を叫んだ香港人は少なくない。その一人から彼女の陳述内容を教えてもらった私は、１９８９年の天安門事件で戦車の前に立ちはだかった名もなき男性の姿を思い浮かべた。〝目に見えない戦車〟に立ち向かおうとする香港人がここにもいる、と感じた。

判決は禁錮４年11カ月。暴力行為は認定されなかったものの、警官隊とデモ隊が衝突した現場にとどまったということで暴動罪などが適用された。全く同じ罪に問われた男子学生より２カ月、刑が重かった。

２０１９年６月に大規模化した香港の反政府デモは反中デモに転化し、20年に入っても続いた。業を煮やした中国の習近平《しゅうきんぺい》政権が20年６月30日、香港に導入したのが香港国家安全維持法（国安法）だった。1997年に香港が英国から中国へ返還される際、中国側が香港の資本主義制度と生活様式の2047年までの存続を保証した「一国二制度」はここに崩壊し、多くの学生や民主活動家らが逮捕、投獄された。

香港当局の発表によると、21年7月末現在、19年以降の反政府デモ関連の逮捕者は1万265人で、このうち2684人が起訴されている。

今年（21年）に入ると、メディアへの締め付けがさらに強まり、中国への批判的な報道で知られた蘋果《ひんか》日報（リンゴ日報、アップルデイリー）が発行停止に追い込まれた。中国主導で香港の選挙制度も改悪され、民主派は立候補さえ困難な状況に置かれている。

私はこの間、産経新聞記者として香港報道に従事してきた。デモが本格化した19年6月から9月までは、当時駐在していた北京から香港への出張を繰り返し、10月から20年10月までは香港に滞在した。その後、日本に帰国してからも香港情勢をウオッチしている。

特に19年10月からの1年間は、最高潮に達したデモ攻防戦や区議会（地方議会）選挙、国安法施行、民主派予備選――と香港が激しく揺れ動いた日々だった。その間に紙面に掲載された記事は大小300本に達した。

このほか、北京からの出張中に書いた記事、日本に帰国してから執筆した記事も合わせると、私の香港報道はかなりの本数になる。19年以降の香港情勢に取り組んだ外国人ジャーナリストの中でも最多の部類に属するだろう。

こうした一般記事、連載記事、コラムを再構成して、終息したわけではない香港人たちの政治運動の途中経過をまとめようと考えたのが本書である。ただ、書下ろしではないため、記述の重複が少なくない。しかし、国安法導入や選挙制度改悪などの〝未来〟を知らないそれぞれの時期に書いた記事をそのまま掲載することで、当時の香港社会の空気がより伝わるのではないかと考えた。記事の加筆、削除は最小限にとどめている。

さらに、序章として「20年前の香港」を取り上げたのが本書の特徴だ。私にとって香港は、1998年に海外特派員として最初に赴任した思い出の地でもあった。中国に返還された翌年のことである。2001年まで駐在した。

その間に書いた記事やコラム、連載を久しぶりに読んでみると、意外にも〝新鮮〟だった。香港の経済規模は14年に中国全体の3%を割り込んだが、1997年の返還前には20%近くを占めていた。当然ながら、中国、香港両政府のスタンスはもちろん、中国本土出身者と香港人の考え方も現在とはずいぶんと異なっていた。何より、今や失われてしまった言論・集会の自由を謳歌《おうか》していた時代だった。

最近のニュースなら何でも知っているという香港通の読者にぜひ、読んでもらいたい。〝知らない香港〟がそこにはあるはずだ。すでに当時から一国二制度の危機が叫ばれてはいた。が、緊張をはらみながらも、香港には南洋の青空が広がっている、そんなイメージが行間から感じ取れるのではないだろうか。

第1章は、国安法施行から1年となる今年6月にまとめた特集記事などで構成されている。親交のあった5人の民主活動家がこの1年でどう変わったのかを追った。

第2章は、そもそも2019年のデモが大規模化したのはなぜか、そしてどのように変化していったのかを当時の記事やコラムで分析した。

第3章は、国安法施行前夜の緊迫した状況について、当時、緊急連載した記事と要人へのインタビュー記事でまとめた。

第4章は、国安法施行翌日の20年7月1日から21年6月に蘋果日報が休刊に追い込まれるまで、市民の自由が奪われ、香港が闇に包まれていく過程を追った。

第5章は、国安法施行で一国二制度が崩壊した後の香港社会がどこに向かうのかをコラムを中心に考察した。

第6章は、香港人アイデンティティーを探るため、無名の香港人たちへのインタビューを重ね、好評を博した連載「香港に生きる」で構成されている。最後の記事は、日々の現場で苦しみ悩みながらたどり着いた、香港報道の私なりの流儀について語ったものだ。

一連の報道は「迫力のあるルポルタージュを生み出した」と評価され、20年度の「ボーン・上田記念国際記者賞」を受賞することになった。巻末には、今年5月に行った受賞講演の内容を一部加筆したうえで掲載した。香港の事情に詳しくない読者は、この講演録に目を通した上で、各章を読み進めると理解が深まるかもしれない。

最近、さまざまな人から「香港は静かになったね」と声を掛けられる。確かに表面上はそうだろう。しかし香港人は息をひそめているだけだ、と断言できる。

日本語が堪能な民主活動家、周庭《しゅうてい》（アグネス・チョウ）さん（24）のことを思う。今年6月、7カ月ぶりに刑務所から出所した日に「痩《や》せたのでゆっくり休みたい」とコメントして以降、21年10月末現在、彼女は沈黙を保っている。

私たち日本国民に何度も香港のSOSを発信してきた周さん。符さん同様、〝目に見えない戦車〟の前に立ちはだかった女性である。

香港人はまだ戦い続けている。

藤本 欣也

香港人は本当に敗れたのか◎目次

第3章

国安法施行前夜

〈一国二制度の死～香港大規模デモから1年〉

第4章

奪われる言論・集会の自由

「香港が香港でなくなった」

無関心な人々が目覚めた
街頭で米国で民主化訴える
「勝利」の陰に若者たちの犠牲
「移民せず、あきらめないで」
〈自由が消える～国安法施行前夜〉
失敗を自ら宣言するようなもの
「一国一制度の香港は死ぬ」
反中新聞に「白色恐怖」
天安門の情報発信は風前のともしび
独立派に迫る摘発「今は生き抜くのみ」
改変された卒業写真
香港は死んだ

「自由に投票できる最後かもしれない」
「愛国者の香港統治」へ強権
「反中紙」掲げ無言の抗議
香港の自由へ新聞発行継続
「自由こそ命」香港老闘士の覚悟
香港から密航 台湾目指した民主派
消えた反中スローガン
実刑で国際社会と遮断
香港紙創業者「私の裁判で現状分かる」
香港司法は「北京に降伏」
「香港は巨大な監獄」
親中派有利の選挙制度に
「自由の灯」ともらず～天安門事件から32年
抵抗の火は消えず
窮地に追い込まれた「抵抗の象徴」
不屈示す50万部
苦渋の離職、停止部門も

朋友、蘋果 等你回來！（友よ、蘋果よ 復活を待つ！）
言論封殺 自由なき香港

第5章 香港人改造

第6章

それでも香港に生きる

「デモじゃなく戦争なんです」
自爆、私刑 勇武派女性の告白
「死というものを初めて間近に感じた」
無名俳優から民主派議員に
28年後の未来描けぬカップル
香港人でも中国人でもない
息を潜めながら生きている
昼は銀行員、夜はデモ隊支援
教え子のデモ参加「うれしく思います」
スト決行の病院にも「勇武派」
逮捕された生徒を見捨てない
記者は一人の抗争者となった
龍馬ならどうするか
4度目の逮捕に危機感
自主規制する自分が情けない

装　丁　神長文夫＋柏田幸子
ＤＴＰ　荒川典久
本文・カバー写真　著者、産経新聞社
帯写真　産経新聞社

序章

20年前の香港

命懸けの香港ドリーム

すっかり景気が冷え込んで、活気も失われてしまったという香港《ホンコン》なのに、中国本土には「香港ドリーム」なる言葉がいまだに存在するらしい。

ある調査によると、最近（1999年）、香港にやってきた本土出身者の移住理由は「経済や労働条件がよく、チャンスをつかむ機会も多いから」に集約されたそうだ。もちろん夢がかなうのは一握りである。

たとえば、列車に潜んで香港への密入境に成功した男性（31）。すぐさま山間部に逃げ込んだまではよかった。野草とわき水で野宿を重ねて、7日目のこと。空腹に耐えかねて野生の赤い実を口にしたとたん、口内が強烈なしびれに襲われた。がまんしきれず、山を下りて助けを求め、ついに御用。夢の香港ライフがとんだ結末を迎えた。

当局は香港への入境者数を1日150人に制限しているため、彼のような密入境者が絶えない。しかもハングリーだ。民家に忍び込み、ペットのカメをたいらげてしまって捕まった若者（22）もいた。でも、カメはまだかわいい方だろう。

1999年3月中旬、本土近くの山中で男性住民の他殺体が見つかった。付近で野宿していた不法移民が姿を消し、当局は行方を追っているが、不思議なのは被害者の太ももの肉がえぐられていたこと。野犬のしわざとみられたが、数日後、「実は刃物で切り取られていた」と地元紙がすっぱ抜き、香港市民は震え上がった。

香港の山中で息を潜めている不法移民は数しれない。香港ドリームも命懸けだ。

（1999年4月16日）

天安門10周年の夜

「夜だから、きっとみんな集まりますよ」

ある高名な民主派政治家がインタビューの最後にこう言って笑った。1999年6月4日の天安門事件10周年追悼集会のことである。ろうそくの火をともして鎮魂の歌をうたう。今年（99年）で10回目の行事だ。

中国の民主化を求めるデモ行進の方は参加者が減少中だが、「当局がビデオで参加者を記録するので、みんな怖がって出てこないのだ」。天安門は風化していない、と老政治家は力説した。

当日、繁華街に隣接したビクトリア公園には確かに人が集まった。主催者発表の7万人は大げさにしても、それでも3分の1はいただろう。

ろうそくの火をじっと見つめる女子学生、民主活動家の話に拍手を送るサラリーマン……。でも、別に張りつめた雰囲気はない。民主化なんかそっちのけの若いカップルや、歓声を上げて遊ぶ子供たちが多かったためかもしれない。屋台があって花火でも上がったら、まるで夏祭りだった。

そんな中に身を置くと、数多くの市民が参加したのは、民主派の言う政治的理由だけでなく、追悼集会も生活に根づいた、つまり本来の趣旨を離れて恒例行事化し始めたあかしのように思えた。

香港はこれから本格的な台風シーズンだ。「追悼集会が終わると台風がやって来ることに気がつく、そんな夏の風物詩だね」。香港人の起業家に言うと、彼は顔をしかめた。香港に「一国二制度」が保障されているのは2047年までである。

（1999年6月9日）

香港の法輪功

中国本土で発禁書扱いでも、香港では堂々と書店に並んでいる本がある。最近（1999年8月）でいえば、台湾の李登輝総統著『台湾の主張』、そして、非合法化された気功集団、法輪功の理論書になろうか。

「それが一国二制度というものでしょ」

そうほほえんだのは、法輪功の女性メンバー、陳だ。北京出身で、2年前から法輪功に熱を上げている。

香港には「千人以上のメンバーがいる」とされるが、中国人専門家によると、「貧困を背景に浸透していった中国本土とは、いささか趣を異にしている」らしい。当初は、気功の一種としてサークル感覚で参加する香港人が多かったという。

だから99年4月、中国本土の仲間約1万人が北京の中南海を包囲した際、一番驚いたのはむしろ香港のメンバーだったようだ。その後、「100人近くいた早朝の修練参加者が、アッという間に減った」(専門家)あたりが、いかにも香港人らしい。

もちろん、非合法化された今でも練習を続ける〝筋金入り〟のメンバーもいる。陳のように中国本土から移住して間もない人が多い。新住民として社会の疎外感を味わう中、よりどころとなったのが法輪功だった。

陳にとって、活動存続の頼みの綱は「一国二制度」だ。でも、香港では最近、駅構内にあった『台湾の主張』の宣伝広告が突然取り除かれる事件があり、憶測を呼んだ。一部書店では、法輪功の書籍の販売自粛も始まった。香港が再び試されている。

（1999年8月3日）

香港と上海 ディズニーランド誘致争いの背景

アジア第2のディズニーランドが香港に建設されることが決まった。12億人の中国市場を背景に、誘致交渉は香港と上海の一騎打ちだったとされる。19世紀の同時期、世界に門戸を開いた両都市はさまざまな興亡をへて、中国の「一国二制度」をそれぞれ代表する経済都市に成長した。ミッキーマウスは〝資本主義社会の中国〟側への上陸を選んだが、中国市場のパイをめぐる二都の争いはこれから本格化しそうだ。

香港と上海が世界史に登場するのは1842年、アヘン戦争後の南京条約である。開港を迫られた5港の一つが上海で、同条約で英国植民地の歴史が始まったのが香港だった。

当時、〝不毛の島〟と形容された香港には、ジャーディン・マセソン商会など英国資本が進出、アヘンの密貿易でまず発展の基礎が形成された。一方、上海には、列強各国が治外法権の地、「租界」を設置。ドッグレースにダンスホールといった華やかな社交界が形成される一方、香港からアヘンなどが流れ込み、ギャングが暗躍して「魔都」と恐れられた。

１９３０年代には進出銀行が１００行を超え、国際的な金融都市に発展していた上海はしかし、49年5月、中国共産党の上海占領を境に没落していく。共産主義による財産の収奪を恐れた多くの上海資本が故郷を捨て、当時「小上海」と呼ばれた香港を目指した。第二次大戦直後60万だった香港の人口は、50年には２００万人以上に膨らんでいた。

この上海資本と大陸からの難民労働者が結びつき、香港は、中国への中継貿易基地から輸出加工基地へと脱皮。さらに70年代以降は、「政治的安定、低率の税制、法治主義、通信・交通のインフラ整備などを背景に、香港政庁の積極的不介入政策とあいまって、国際金融市場の機能も整備された」（国際金融筋）。

上海が長い眠りからさめるのは90年代、改革・開放政策で浦東《ほとう》地区開発が始まってからだ。外資に優遇措置が取られ、証券取引所も再開された。ちょうど、江沢民《こうたくみん》国家主席に代表される〝上海閥〟が共産党指導部の中枢を占めるようになるのと軌を一《いつ》にしていた。

しかし、アジア経済危機の影響で海外からの直接投資が減少。香港でも、97年の返還ブーム以後、観光客数が急速に落ち込み、マイナス成長から脱しきれないでいた。

「そこで、上海と香港が同じことを考えたのは偶然ではない。ハイカラ好きの上海人らしい」（香港誌記者）。香港の政財界にも、董建華《とうけんか》行政長官ら上海出身者が多い。香港と上海はディズニー誘致に動いた。

上海の優位点として、徐匡迪《じょきょうてき》市長は「上海周辺には1億人が生活している」「香港の建設コストの半分で済む」と、その潜在性と経済効率をアピールした。だが、1人当たりの域内総生産（GDP）は香港の8分の1と、格差がまだまだ大きいのが現状である。

記者会見で、米ウォルト・ディズニー社側は、香港を選んだ理由として、（1）空港などインフラ整備（2）観光業の発展（3）高度な教育水準――を挙げ、上海の潜在能力よりも香港の現状を重視したことをうかがわせた。

アジア屈指の国際金融センターとしての香港はカネもヒトもモノも引き付ける。そして、それは一国二制度の下で保証されている。結局、成熟した国際金融センターに象徴される資本主義社会、香港に軍配が上がった、といっていい。

これからの上海は、「国内企業の本店を上海に誘致し、国内金融センターの地位を確かなものにするしかない」（外銀アナリスト）という。その場合、多くの中国企業が資金調達窓口にしている香港と、競合することになる。

（1999年11月8日）

一国二制度を逆手

中国本土で非合法化されながら、一国二制度下の香港では活動が認められている法輪功のメンバー約８００人が１９９９年12月11日、新華社香港支社前で気功の修練活動などを繰り広げ、厳しい取り締まりを続ける中国政府に対する抗議のデモを行った。中国本土の非合法化組織が一国二制度を利用する形で、これほど大規模な抗議活動を展開したのは初めてだ。

中国政府の出先機関である新華社香港支社前には、台湾、日本、中国本土などから法輪功メンバーが集結した。数時間にわたって、気功の修練や座り込みの抗議活動を行った後、中国本土での活動の自由を求める要望書を新華社前に置いて、繁華街をデモ行進した。オーストラリア人の女性メンバーは、「私は旅行者に過ぎない。その活動を規制することはだれもできない」と話した。

中国当局は今年（99年）7月、党・政府の所在地である北京の中南海を包囲するなどした法輪功を「邪教」として非合法化した。香港の人権団体、中国人権民主化運動情報センターによると、当局は以後、10月下旬までに、メンバー約3万5千人を拘束、２千人以上を労働矯正処分にしたという。

一国二制度の下で、高度の自治が保障された香港では、法輪功の活動が中国国内で唯一許可されている。「香港の法輪功組織は団体登記をしており、合法的な存在。香港政府としては、香港の法を犯さない限り取り締まる術はない」（星島日報）のが現状だ。

董建華は12月11日、法輪功の大規模な抗議活動を受け、「国家や香港、一国二制度に不利益なことはすべきではない」とコメントした。

一方で、返還後に中国化が着実に進んでいる香港社会では、自主規制の動きもみえる。ポケベルにメッセージを伝える通信サービス業者が法輪功関連のメッセージの伝達を拒否していたことも判明している。中国当局も、一国二制度を逆手にとった法輪功の作戦に神経をとがらせているのは確実だ。12月11日付の中国系香港紙、文匯報は1面トップで、「中国本土の法律の権威と、一国二制度に挑戦しないように、香港の法輪功メンバーに忠告する」との記事を掲げた。

今後、香港を舞台に同様の試みが起きる可能性もあり、「香港を反中国の基地にはしない」（董行政長官）決意の香港政府や中国当局の対応が注目される。（１９９９年12月12日）

揺らぐ一国二制度

香港の民主党主席、李柱銘《りちゅうめい》（マーティン・リー）・立法会議員（国会議員に相当）は、突き出されたマイクの前でうつむきながら、重い口を開いた。

「私たちに警鐘が鳴らされているのだろうか……」

１９９７年の返還後初めて実施された区議会議員（地方議員に相当）選挙。開票結果が判明した99年11月29日、海外にもその名を知られた民主派のリーダーである李の表情は苦渋に満ちていた。

直接選挙枠３９０議席をめぐり各地区で一斉に行われたこの選挙は、事実上、民主党と、親中国派政党の民主建港協進連盟（民建連）との対決となり、民建連が前回（94年、37議席）の倍増以上となる83議席を獲得、民主党の86議席（前回75議席）に肉薄した。

直接選挙には強いといわれていた民主党の〝敗北〟は、香港での親中派勢力の伸長と、民主派の退潮傾向を象徴していた。

「私の5年間の総督時代で誇れることは、香港に自由と民主化の社会基盤をつくったことだ」。最後の香港総督を務めたクリストファー・パッテンは講演などで繰り返し、こう述べている。

ただし、香港の人々にいわせれば、「英国が栄光ある撤退のために、自分たちの足跡を残そうと最後にあわてて民主化を植え付けた」（香港紙記者）となる。

英領時代は１８４２年から１５５年間続いたが、民主主義が持ち込まれたのは最後の５年間に過ぎないというわけだ。それでも、パッテンが行った選挙制度などの改革は、92年の世論調査で92％の支持率を集めたように、香港住民には大歓迎された。が、単純な民主化支持がその理由だったわけではない。

「返還後の中国共産党統治への恐怖感の裏返しだった。将来の生活不安が、当時の民主化支持の原動力となったのだ」と、香港中文大学の劉《りゅう》兆佳《ちょうか》教授は指摘する。

英国が香港に残した民主制度は中国返還後も、「一国二制度」という枠組みの中で一応は保障された。共産党支配は恐れるほどではなかったとの思いを抱く一方、アジア通貨危機の影響で香港経済が低迷して、香港住民の関心は民主化から離れていった。

だが、実際には、返還からわずか2年目の今年（99年）、香港の民主主義の根底を揺さぶる事態が起きていた。国際金融センター、香港の繁栄を支えてきた「人々を元気付け、やる気を起こさせるような法律」（パッテン）の存在、つまり法治主義を傷つける事案が相次いだのだ。

中国の全国人民代表大会（全人代。国会に相当）常務委員会が6月、中国本土から香港への移住を幅広く認めた香港最高裁の人道的判決を、「大量の移民流入は香港を大混乱させる」と事実上修正した。最高裁もこのほど、自らの判決を引っ込め、修正を追認してしまった。

さらに最高裁は12月15日、「表現の自由にも制限がある」と認定し、中国国旗を破損した香港住民に有罪判決を言い渡した。香港の高級紙・信報は、「当局が今後、『自由は制限されうる』として市民の権利を侵害していく恐れがある」と危機感を強めている。

しかし不況下の香港住民にとって、生活防衛こそが最大の関心事とみえ、中国本土からの移住をめぐる問題でも、ある調査では84％の住民が全人代の修正を支持した。そんな中、法治主義の擁護を訴え、全人代の修正に猛反発していたのが、民主党だったのだ。

民主党の李主席は返還前、こう語っていた。

「私が恐れるのは、『もういいよ、李さん。そんな運動はやめてくれ』といわれる日がくることだ。だれもが（北京の反応を）恐れ、私の主張に耳を閉ざすとしたら、その時点で香港はおしまいだ」

中国で非合法化された気功集団「法輪功」は、一国二制度下、香港では活動が認められている。しかし、中国本土での営業活動への影響を恐れた書店側が、関係書籍の販売を自粛している。香港では、中国当局の顔色をうかがった自主規制が、官民あげて広がっているのが現状だ。

（1999年12月23日）

北京語能力

香港ではいま（2000年）、北京語教育の見直しが叫ばれている。香港浸会大学が香港初という、幼稚園から大学までの一貫教育を整備しているのも、北京語教育の効率的学習のためらしい。返還から2年半余り、広東語を母語とする香港人の、北京語能力がどれほどのものかを露呈する〝事件〟が起きた。

先日、中国政府の香港代表機関、「中央政府駐香港特区連絡弁公室」の旧正月を祝う新春パーティーがあり、中国政府の人権政策に批判的な香港民主党の議員も招待された。席上、弁公室のトップは理由をマスコミに問われ、「自らの民族を尊重するいかなる集団とも中国政府は接触するのです」と北京語で答えた。

ところが、親中国系紙をはじめ大半の香港紙は翌日、発言中の「尊重自己民族」という北京語を「真正実行民主」（民主を真に実行する）と聞き違えて報じてしまった。それでは、中国が民主党の活動を評価した意味にも取れ、弁公室側が激怒したのはもちろんだ。

発音上は、「ZUNZHONG（尊重）」と「ZHENZHENG（真正）」、「MINZU（民族）」と「MINZHU（民主）」と似ていなくもない。だが皮肉にも、中国への批判記事で知られた「蘋果日報（リンゴ日報、アップルデイリー）」が正しく報じては弁解の余地はなかった。中国系紙「大公報」は、早速翌日の朝刊1面におわびと訂正記事を大きく掲げた。

それにしても、「民主の実行」でなく「民族の尊重」が〝正解〟とは、返還後、中国色を強める香港の現状を象徴するかのようだ。（2000年3月2日）

北京の顔色をうかがう学校

「資本主義の国家を三つ挙げよ」

2000年6月、香港のベッドタウン、屯門《とんもん》の中学校の「世界史」の授業で出された宿題である。

ある生徒が「台湾」と書いて提出した。「台湾は国家なのか――」。張教諭は初めての経験にとまどった。職員会議が開かれ、学校としての見解が確認された。その後、張教諭はクラス全員の前でこう説明した。「台湾は中国の一部です。国家ではありません」
張の中学校はキリスト教系で、返還前の習慣に従って中国国旗は掲揚していない。しかし、中国政府の「一つの中国」原則を無視し、台湾側の中台「二国論」を支持するような教育指導は避けたのだった。

1997年7月の返還後に発足した特別行政区政府は、中国の国旗掲揚や国歌斉唱を含め、教育内容に関する指導・強制を控え、各学校に任せている。このため逆に教育現場で混乱が起きている。

とくに、各校が苦慮しているのは「天安門事件」の扱いをめぐってだ。中国本土と異なり、「一国二制度」下の香港では、天安門事件に抗議するデモが合法的に行われている。しかし教育現場では、必ずしも「一国二制度」が実現しているわけではなく、事件に口を閉ざす学校が少なくない。

天安門事件に全く触れていない教科書もある。たとえ事件に言及していても、文達出版の「中国歴史」のように「1989年5月、青年や学生が北京の天安門広場でデモを行った。6月に入って政府が干渉して事件は収まった」と、たった漢字33文字で片づけているものもある。

「天安門事件について授業で教えるかどうかは各校で決めている。私は虐殺があったと教えている。しかし、全く教えない学校もある」と張は明かす。政治的トラブルを避けようとするあまり、北京の顔色をうかがう学校側の「自主規制」の波が、教育現場にじわりじわりと広がりつつある。（２０００年7月2日）

脅かされる自由

かつて〝香港の良心〟と呼ばれたことのある彼女の顔は、明らかにこわばっていた。用意したコメントを追う視線は怒気をはらみ、小柄な体に不快感をみなぎらせていた。

「香港は自由貿易市場なのです。ビジネス上の決定はビジネスマンたちがすればいいのであって、政治が関与すべきではない」

香港特別行政区政府のナンバー2、陳方安生（アンソン・チャン）政務官（60）はそう言い終わると、テレビカメラをにらみつけた。カメラの向こうには香港市民、そして中国当局の目がある。

中国政府の香港代表機関「駐香港連絡弁公室」（旧新華社香港支社）の何志明《かしめい》・台湾事務部副部長が２０００年5月31日、香港企業家を前に、「台湾独立を支持する企業と協力をすればリスクは大きくなろう」と演説したのだ。台湾の陳水扁《ちんすいへん》総統を支援する台湾企業と「取引するな」という〝威嚇〟は、「一国二制度」で保障されたビジネスの自由への侵害を意味した。

1997年7月の返還を前に、「良心に照らしてみて、承服できない決定が多ければ職を辞することもいとわない」と述べ、共産中国の不当な圧力に対し、香港擁護の姿勢を明確にしていた陳方政務官が怒ったのも当然だった。

実は、香港の「一国二制度」を無視するような中国当局の問題発言は、これが初めてではない。何発言に先立つ00年4月12日には、同弁公室の王鳳超《おうほうちょう》・副主任が「香港メディアにも国家統一擁護の義務があり、台湾独立の言論を宣伝すべきではない」と警告した。

この発言が伝えられると、やはり陳方政務官は王発言に真っ向から反論した。「言論の自由は香港基本法（ミニ憲法に相当）で保障されており、香港メディアは法に照らして自由に評論や報道ができるはずだ」

香港市民にとって返還後の3年間は、「一国」の重みと「二制度」のもろさを実感させられた年月だったといえる。

日本総合研究所の呉軍華《ごぐんか》・香港駐在首席研究員は、「『一国二制度』の大前提は、香港が

（1）台湾独立の拠点にならないこと（2）中国共産党政権の転覆の基地にならないこと——であり、その生命線が脅かされるときには、中国当局がナーバスに反応する」と総括する。

その大前提を保証するための措置として、香港政府がいつ「国家反逆罪法」を制定するかが今後の焦点でもある。

中国当局は香港返還に当たり、基本法に「香港政府は国家反逆、分裂、反乱扇動などの行為を禁じる法律を制定しなければならない」との条文を盛り込んだ。香港政府は、香港のイメージ悪化を懸念して反逆罪法の立法化を先送りしてきたが、陳水扁総統誕生以後、早期制定を求める声が香港の親中派を中心に高まっている。

香港の人権団体・中国人権民主化運動情報センターの盧四清《ろしせい》代表は、「もし制定されれば、香港で天安門事件に抗議するデモや法輪功の活動も制約される恐れがある」と指摘、「一国二制度の死」に事実上つながるものとして危機感を募らせている。

（２０００年7月3日）

一国二制度の悲劇

香港人、そして香港人になることを夢見た中国人の死が、香港社会に波紋を広げている。

中国本土出身者の林は2000年8月2日、香港居住権を求めて入境管理局を訪れたが、要求が拒否されるや液状の可燃物をかぶり、抗議の焼身自殺を図った。火は応対に出た職員の梁にも燃え移り、数日後、2人の男性は亡くなった。

「だから中国本土から来た新移民は怖いのよ。権利を主張するためには手段を選ばないわ」。香港人の友人が憤るように、社会には怒りの声が満ちた。殉職した英雄として梁には勲章が贈られ、残された妻子3人への補償も検討された。

ひっそりと追悼会が行われたのは、加害者でもある林の方だ。同じ境遇の中国人女性は「ほしいのは香港の居留証。死亡通知書などではないのに……」と絶句した。

林は1999年5月、香港市民権を取得した両親を頼って広東省から香港に来た。香港最高裁がその数カ月前、香港市民の子息である中国本土出身者にも香港居住権を認めたからだ。しかし、大量の移民流出を恐れた中国当局が介入し判決を修正。香港での生活が念願だった林は絶望感を深めていった。

もし、香港の判決が中国の政治介入で無効にならなかったら……。そう考えると2人の死は、高度の自治が保障されているはずの、香港の「一国二制度」の矛盾がもたらした悲劇といえるのかもしれない。そして香港でいま、香港人と中国人移住民との間の溝が深まりつつある。

（2000年8月22日）

影の努力家

香港政府から生活保護を受けて暮らしていた老人が亡くなった。その何でもない死が香港でいま関心を集めているのは、貧窮の中で死んだと思われた彼に、25億円もの隠し遺産があったことがわかったためだ。

75歳で病死した蔡晶明の暮らしは極貧そのもの。服は一年を通じて8着のみでパンツも2枚しかない。冷や飯は当たり前だし、20平方メートルの狭い部屋がねぐら。蔡はしかし、株取引のブローカーとしての稼ぎを長年ため込んだ億万長者だったのである。

「『股神（株の神様）』だったのではないか」。蔡は株好きの香港人の間で信仰の対象にさえなっている。確かに、ウソの申請をして毎月約3万円の生活保護までせしめていた吝嗇《りんしょく》ぶりはさておき、見事、25億円もの財をなした才はやはり称賛に値しよう。

香港人たちは返還後、植民地政府ではない自前の政府を持つに至り、生活向上を求めて政府にデモばかりしている。これまで自力で道を切り開いてきた彼らの自立心が、受け身の姿勢へと変容しつつあるのは事実だ。

それでも、蔡のような古きよき香港人の伝統が失われたわけではない。貧困についてのアンケート調査で、「努力不足が原因」と言い切った香港人がまだ68%もいるというから、真っ昼間、上半身裸で悠々とうたた寝をしている路上のオジサンたちも実は……。

ちなみに、降ってわいたような巨額の遺産相続をめぐって、蔡の内縁の妻と実弟が係争中だ。

（２０００年10月23日）

「香港の良心」失う政府

香港特別行政区政府のナンバー2である陳方安生政務官は２００１年1月12日、記者会見し、4月末に辞任することを明らかにした。02年6月の任期切れを前にした突然の辞任表明は、中国政府に忠実な董建華行政長官との確執が背景にあるとみられる。中国への返還後、国際社会から「香港の良心」と期待されていた陳方政務官の辞任は、香港の対外イメージを損なうとともに市民の一層の政府不信を招くとの懸念が広がっている。

後任の政務官人事は不明だが、親中派の曾蔭権（ドナルド・ツァン）財政官が有力視されている。

会見に同席した董長官は「1月6日に辞表が出され、何度も慰留に努めたが決意は固かった。辞任については中国政府の同意も得た」と明かし、「中国への返還作業と一国二制度の推進のために貢献してくれた」と功績を高く評価した。

陳方は英領時代の1962年に香港政庁に入庁。93年、パッテン総督に抜てきされ、中国人として初めてナンバー2の行政長官に就任。97年の返還後、現職に横滑りし、定年の60歳を前にした99年、董に慰留され任期を延長していた。生え抜きの政府高官として市民の人気も董より高かった。

辞任理由について陳方はこの日、「個人的理由」と述べるだけで明言を避けた。「2002年の次期行政長官選挙への出馬準備のために辞職するのでは」との質問には、「行政長官選に出る計画も意思もない」と否定した。

これに対し、立法会（議会に相当）関係者は「中国当局が董長官の再任支持を早々に打ち出す中で行政長官を狙う野心もしぼみ、公職にとどまる理由を失ったのではないか。だが、今後の情勢次第では出馬はまだありうる」とみている。

一方、香港メディアは「中国政府の意向に忠実な董長官との不仲が辞任の引き金になった」との報道で一致している。陳方はこれまで、中国政府当局者が「香港メディアは台湾独立の言論を宣伝してはならない」などの問題発言を繰り返すたびに、遠慮がちな董とは対照的に不快感をあらわにし、香港の「一国二制度」擁護の姿勢を国際社会に表明してきた。

2000年9月には北京で銭其琛《せんきしん》副首相から、支持率の低迷する董を「もっと支援するように」と要請されており、今回の辞任表明は中国の意向を無視すると同時に、董に不信任を突きつけた形ともなった。

それだけに親中派は「董長官に協力できないなら辞めてもらった方が香港にとって有益だ」(徐四民・中国人民政治協商会議常務委員)と辞任を歓迎。一方の民主派は国際的なイメージダウンとともに、「彼女が公務員のトップだからこそ市民は政府を信頼していた」(民主党の楊森・立法会議員)として反政府デモの活発化を懸念している。

(2001年1月13日)

香港の「息苦しさ」

フランス在住の中国系作家で2000年にノーベル文学賞を受賞した高行健《こうこうけん》が01年2月

1日、香港での3泊4日の日程を終え、次の訪問地の台湾に入った。今回の香港訪問は受賞後初めてとなる中国への〝里帰り〟でもあったが、高は台湾に到着するや、「台北の空気はとても自由だ」とホッとした様子で語った。ノーベル賞作家の目に、「一国二制度」の香港はどう映ったのか。

1月31日、香港城市大学で行われた講演会後の質疑応答で香港の感想を聞かれると、高はためらいがちにこう答えた。

「少し当惑しています。当惑とはつまり、（香港で）あまり自由を感じないということです。私は（フランスで）自由に慣れ親しんでいますから……」

香港特別行政区政府が今回、中国人初のノーベル賞作家を迎えるに当たって苦悩したのは間違いない。共産中国に批判的な作家として知られるだけでなく、中国当局が高のノーベル賞受賞に猛反発していたからだ。香港政府は結局、「一国二制度」の「一国」を優先し、高を冷遇する道を選んだ。

1月29日に香港入りした高は講演会を2回行ったほか、民間の歓迎パーティーなどに招待された。香港当局はこれに対し、政府高官の空港への出迎えはもちろん歓迎パーティーへの出席も自粛した。30日の講演会には政府の民政事務局長が顔を見せたが、高を避けるように握手もせず途中退席してしまった。

ノーベル物理学賞を受賞した崔琦《さいき》（米国在住）が1999年12月に香港を訪問した際には、董建華が崔をパーティーに招待した例をみても、高への対応は明らかに礼を失していた。

「香港の立場が微妙なことはわかっています」

講演会でこう指摘した高は香港滞在中、自らを招待してくれた知人や大学側に配慮して政治的発言を控えた。中国当局が監視要員を派遣して高と接触した人物を調査している、と報じた香港紙もあった。こうした周辺の息苦しさや政府の自粛ムードが「香港はあまり自由ではない」という印象につながったようだ。

台北市政府の招きで台湾入りした高が2月1日の会見で強調したのも「自由」だった。「台北は自由だ。香港とは違う」「自由は創作の源だ」などと語った。

もっとも、台湾では一変して、約2週間の滞在中、陳水扁総統など政治家との面会が複数予定されており、香港とは違った意味で息苦しい滞在になりそうだ。

（2001年2月2日）

◆一国二制度

中国の最高指導者、鄧小平《とうしょうへい》が台湾の「平和統一」に向けて考案したとされる概念。１９８１年に明示され、統一後も高度な自治の下、社会・経済制度が維持されるとした。香港へは97年、マカオへは99年、中国への返還時にそれぞれ適用された。中華人民共和国香港特別行政区基本法（香港基本法）では、香港の生活方式は「50年間不変」と規定されている。

第1章

国安法の衝撃

無数の人生が奪われた～国安法施行から1年

中国の体制に反対する言論や活動を取り締まる香港国家安全維持法（国安法）が施行されて2021年6月30日で1年。香港を取り巻く環境は激変した。20年に現地でインタビューをした民主派メンバーたちはどうなったのか。

香港警察は21年6月までに、国安法違反の疑いで民主活動家ら110人以上を逮捕（60人以上を起訴）している。このうち、中国当局者から「極悪人」と名指しされた3人がいる。黎智英《れいちえい》（ジミー・ライ）（72）、戴耀廷《たいようてい》（ベニー・タイ）（56）、黄之鋒《こうしほう》（ジョシュア・ウォン）（24）だ。

親中派の香港誌によると、中国政府の夏宝竜《かほうりゅう》・香港マカオ事務弁公室主任（68）が2月の会議で、3人について「反中分子の中の極悪人であり、法により厳罰を与えなければならない」と言及した。

夏は中国政府で香港政策を統括する責任者。習近平国家主席の腹心だった人物でもある。事実上、香港当局への指示に等しい。

3人のうち、国安法違反の疑いで最初に逮捕されたのが黎だ。次に逮捕されたのは戴や黄ではなく、日本でもよく知られた周庭《しゅうてい》（アグネス・チョウ）（24）だった。

周は２０１４年の香港民主化運動「雨傘運動」で盟友の黄とともに、普通選挙の実現を求めて闘った民主活動家。香港の「民主の女神」のような存在だっただけに、彼女の逮捕は世界に衝撃を与えた。

何桂藍《かけいらん》（グウィネス・ホー）（30）もまた、民主派の〝女性闘士〟である。国際社会での知名度は高くない。しかし、もともと民主化運動と関わりのなかった彼女がなぜ今、獄中にいるのか。19年のデモ、そして国安法によって大きく人生が変わってしまった、数えきれない無名の香港人たちを象徴している。

（２０２１年６月30日）

標的にされた「蘋果日報」創業者

中国に批判的な香港紙、蘋果日報《ひんか》（リンゴ日報、アップルデイリー）の創業者で実業家の黎智英は、民主派に資金を援助してきたことで知られる。

初めてインタビューをしたのは国安法施行直前の２０２０年６月下旬。国安法のターゲットは「この私だ。逮捕されるだろう」と予想していた通り、黎は８月に逮捕された。国際社会に中国や香港への制裁を求めたとみなされた。

保釈後の10月に会ったとき、表情は前より穏やかになっていた。「私の裁判を通じ、香

黎智英（ジミー・ライ）

港における司法の独立の現状が示される」と笑みをたたえて話した。収監を覚悟していた。

実際、保釈継続が認められず収監されたのは12月。その後、無許可集会組織の罪などで裁判所から相次いで禁錮刑が言い渡されたが、国安法違反の判決はまだ出ていない。

「これまで何十年も民主化運動にかかわってきた。もはや私の命は自分だけのものではない」

こう語り、海外に亡命することなく、縛に就いた黎。自分が逃げ出すことで蘋果日報の信用に傷がつくことを一番恐れていた。

その蘋果日報は当局の弾圧で休刊に追い込まれた。
だが獄中の黎は今、絶望ではなく、むしろ希望を抱いていると思う。同紙を通じて香港にまいた種が実る日は必ず来る――そう確信しているに違いないからだ。

予備選主導で逮捕の理論的支柱

元香港大学准教授の戴耀廷は民主派の理論的支柱として知られる。7年前の香港民主化運動「雨傘運動」にも影響を与えた〝知恵袋〟である。

香港大の研究室で2020年5月下旬に会った日のこと。「このままでは香港という自由世界が専制的な中国に屈してしまう……」と頭を抱えていた。中国が国安法の香港導入方針を明らかにした直後だった。

当時、戴は4カ月後の9月に予定された立法会選の準備に当たっていた。国安法への懸念を強めた戴は、選挙での民主派圧勝を目指す。候補者を調整するため、戴が中心になって7月11、12日に実施したのが民主派の予備選だった。

政府は、「立法会の支配をたくらむ民主派」の予備選について国安法違反の疑いがあると警告したが、約61万人が投票所に赴いた。

戴耀廷（ベニー・タイ）

予備選の約2週間後、香港大は戴の解雇を決定。戴は「香港の学問の自由の終焉《しゅうえん》だ」と反発した。

２０２１年に入ると、当局は戴や予備選に参加した50人以上の若者らを国安法違反の疑いで一斉に逮捕。戴は保釈されたが、２月28日に起訴、収監された。判決を受けるのはまだ先だ。

「これが最後のインタビューになるかもしれませんね」。20年5月の別れ際、力なく笑っていた戴の姿を忘れることができない。

獄中で闘争続ける雨傘運動リーダー

民主派の予備選に参加したのが、雨傘運動のリーダーだった黄之鋒だ。２０１９年の反政府・反中デモの際には、米欧諸国を回って香港の民主化運動への支持を呼びかけた。コーヒーショップや街頭などで何度も話をした。鋼《はがね》のような強い意志をもつ若者だった。国安法施行後も、「中国の独裁政権に反対する」との主張は全くぶれなかった。それだけに当局の対応は厳しかった。

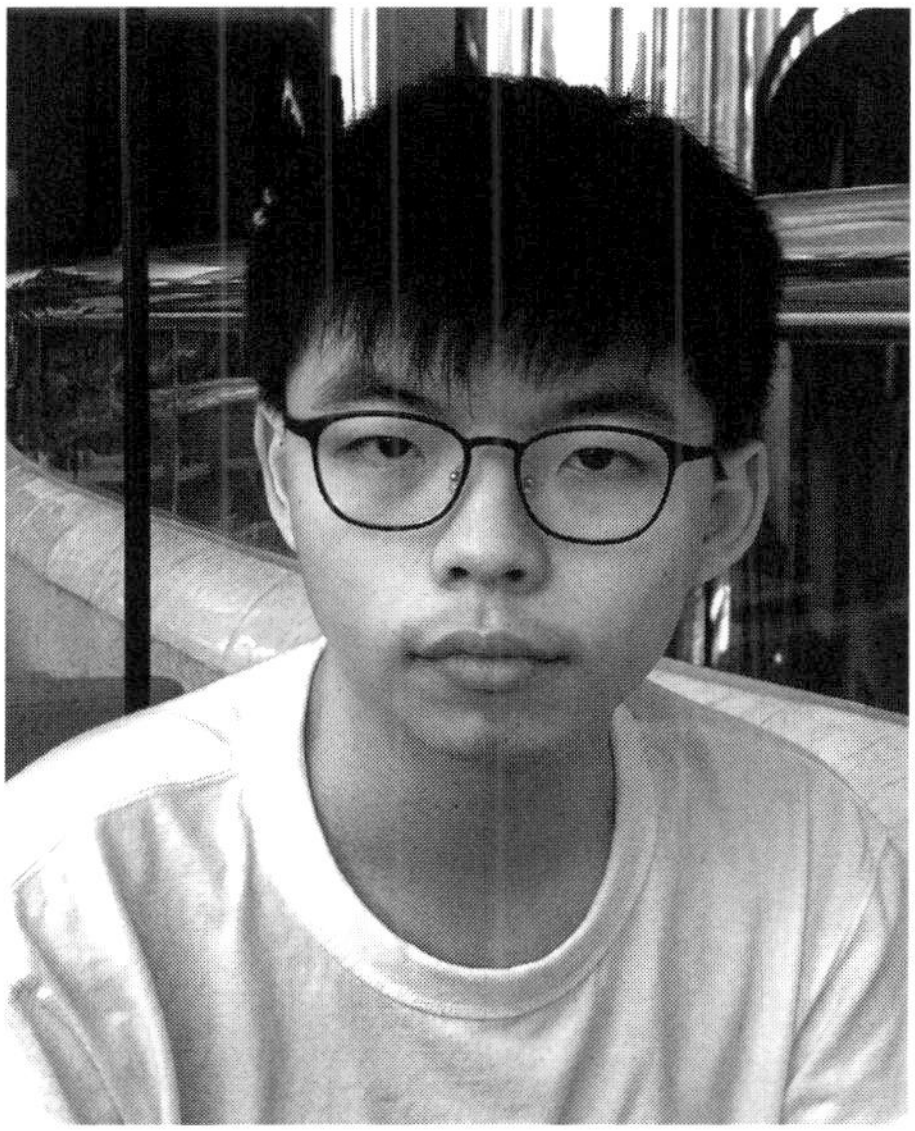
黄之鋒（ジョシュア・ウォン）

　20年8月、天安門事件を追悼する無許可集会に参加した罪などで起訴。さらに、19年6月の無許可集会を組織した罪などで有罪となり、20年11月23日に収監された。21年1月には、予備選に参加した国安法違反容疑により獄中で逮捕、2月末に起訴された。

これまでの裁判で言い渡された量刑は合わせて禁錮2年3月半。国安法違反の判決はまだ出ていない。

「変化があまりにも急だ。民主派は今後、どのように抗議運動を維持していけばいいのか――」。民主派への締め付けが強まった20年8月、黄は危機感を募らせていた。

著名な民主活動家の黄は国際社会への影響力をもつ。彼は自らが不当な判決を受ければそれだけ、中国に対する国際的圧力が強まることを知っている。

獄中にあっても中国との闘いをやめることはない。

200日余の収監で口を閉ざした女神

「日本の皆さん、自由を持っている皆さんがどれくらい幸せなのかをわかってほしい。本当にわかってほしい」

民主活動家の周庭は国安法施行の2日前、日本語でこうツイートしている。

日本語が堪能な彼女には日本の支持者も多い。取材する度に「日本の皆さんにお願いしたい。香港を忘れないで――」と話していた。

2020年8月、周は国安法違反の容疑で逮捕された。ツイッターなどで香港や中国への制裁を外国に求めた疑いがもたれたようだ。

保釈された際、「本当に怖かった」と報道陣に語った。「もう外に出られないのかと思った」とも。しかし、別件の無許可集会を扇動した罪などで有罪となり、11月、とうとう収監されてしまった。

周庭（アグネス・チョウ）

問われた罪はこれまで、罰金や社会奉仕など軽微な量刑で済むことが多かった。だが、12月に言い渡された判決は禁錮10月。周は廷内で泣き崩れたという。
「心身ともにつらい」と本人が明かす獄中の暮らしは２００日を超えた。21年６月12日に出所した際、報道陣の問いかけには何も答えなかった。国安法違反の捜査は続く。

「口は自由じゃないけど、私の心は自由です」

保釈中だった20年10月、ツイッターで、こうつぶやいた周。今、心の中で何を思っているのだろう。

出馬を阻まれた元記者

２０２０年７月の民主派の予備選に参加したのは、黄之鋒のような著名な民主活動家ばかりではない。19年のデモを通じ、政治に目覚めた多くの若者たちも出馬した。何桂藍もその一人だった。

デモ当初は、ネットメディア「立場新聞」の記者として取材に当たっていた。デモ現場で中学生たちに将来の夢や希望を質問してみた。が、みんな無言だった。一国二制度が機能していた自分の時代との違いを痛感した。

「子供たちが夢を持てる時代を取り戻そう」

何は記者を辞めて、民主化運動に参加することを決めた。

予備選では選挙区で得票数トップに立ち、２カ月後の立法会選に出馬することに。当時、何にインタビューをした際、彼女は「立法会選でも勝って、議会を舞台に〝攻めの姿勢〟で闘いたい」と語っていた。だが、香港政府は20年7月末、立法会選を延期。その後、中国主導で選挙制度の改悪が行われ、今や民主派は立候補することさえ難しい状況となっている。

何桂藍（グウィネス・ホー）

何は21年1月、予備選に参加した国安法違反の疑いで逮捕、保釈された後、2月に起訴、収監された。判決が出るのはまだ先だ。

「どんなに脅されても、背を向けてはいけないものとは何か――」。獄中から市民にこう問いかける何。闘いを諦めてはいない。

（２０２１年6月30日）

香港人は本当に敗れたのか

中国の全国人民代表大会（全人代＝国会）の取材には双眼鏡が欠かせない。記者席から遠く離れたひな壇の中央に座る習近平国家主席に狙いを定め、ひたすら観察するのだ。クライマックスは式典の終了直後である。退場するまでの間に、どんな行動をとるか、誰かに話しかけるのか――。

すでに北京勤務を終えた私に双眼鏡を握るチャンスはない。ただ、今年（２０２１年）の閉会式後の報道写真を見ていて「おや」と思った1枚があった。

習がひな壇で、ある人物と立ち話をする写真である。手もみをするように立つ男は国務院香港マカオ事務弁公室の夏宝竜主任。中国政府で香港政策を統括する人物だ。習が浙江省のトップを務めていたときの腹心だった。同省内の2千を超すキリスト教会を破壊した「壊し屋」の異名をとる。

「しっかり頼むぞ」「はい、お指図通りやっております」。そんな会話が聞こえてきそうな1枚だった。21年の全人代では香港の選挙制度の改悪が決まり、19年の大規模デモを主導した民主派は徹底的に排除されることになった。

20年6月末、習が香港の混乱を収拾するため、夏を同弁公室主任に抜擢《ばってき》して断行したのが香港国家安全維持法（国安法）の香港導入である。

言論や集会の自由を制限し、その後、民主派勢力を一網打尽にすることになる国安法の導入を予期していた人物がいた。民主派の理論的支柱として知られる戴耀廷だ。

戴は立法会選を５カ月後に控えた20年４月、民主派が目指すべき今後の行程表を発表し、大きな話題となった。

20年９月、立法会選で民主派が過半数を奪う↓21年５月、立法会で予算案を否決し行政長官に立法会を解散させる↓同年10月、立法会選で再び民主派が過半数を獲得する↓同年11月、立法会で予算案を再否決する。

予算案が２度否決されると、行政長官は辞職しなければならない。戴が想定していたXデーはこの後だった。

業を煮やした中国当局は21年末、国家安全法を導入して民主派の大量逮捕に踏み切る↓香港市民が大規模なデモやストライキで抵抗する↓国際社会も厳しい対中制裁を発動する。中国に内外から圧力をかけて譲歩を迫り、普通選挙導入などの民主化を実現する――という青写真を描いていたのだった。

中国は戴の読み通り、国安法を香港に導入した。想定より１年半早かったにすぎない。

「香港という自由世界が専制的な中国に屈していく。自由世界のリーダーである米国がこの局面にどう対応するのか……」

20年5月、全人代で国安法の導入方針が決まった直後の取材に、戴はこう語っていた。国安法の施行に伴い、国際公約である「一国二制度」を死に追いやった習政権への批判が、米欧で一気に高まった。戴の狙い通りだった。

施行後、民主活動家が逮捕されるたびに批判のボルテージは上がっていく。それを承知の上で、黄之鋒や黎智英は塀の向こう側に赴いたのだ。

「われわれに残された闘争手段、それは捕まることです」。ある民主活動家は吐露する。

戴自身、21年に入り、国安法違反（国家政権転覆罪）で逮捕・起訴され収監中の身だ。香港政策の指揮を執る夏が「反中分子の極悪人であり厳罰を与えねばならない」と名指しするのが黄、黎、戴の3人である。国安法違反の最高刑は終身刑だ。が、3人に厳罰を科せば国際社会の一層の反発を招く。

習は今、香港を計画通り支配下に置きつつあると、ほくそ笑んでいることだろう。しかし、シナリオ通りに動かされているのは共産党の方だと言えないか。悪手を打たされ続けているのは中国ではないのか。

香港人は自らを犠牲にすることで、国際社会の信用失墜という代償を中国に払わせた。22年2月に北京冬季五輪を控え、ボイコットの動きが広がれば習政権のメンツは丸つぶれだ。22年秋には党大会も開かれる。

果たして民主派は敗北してしまったのか。国際社会が沈黙すれば、そう言わざるを得ない。しかし中国に圧力をかけ続けることができるなら——。香港人が敗れたと言うにはまだ早い。

（2021年4月4日）

◆香港国家安全維持法（国安法）

2020年5月28日、中国の立法機関、全国人民代表大会（全人代＝国会）で、国安法を香港に導入することが決まった。全人代常務委員会の法制工作委員会が法案を作成し、20年6月30日、全人代常務委員会で可決・成立。同日深夜、公布と同時に香港で施行された。

国安法が規定する犯罪行為には、（1）国家分裂罪（2）国家政権転覆罪（3）テロ活動罪（4）海外勢力と結託し国家の安全に危害を加える罪——がある。扇動、幇助《ほうじょ》、教唆《きょうさ》することも罪に問われる。香港域外での言動にも適用される。犯罪行為が重大な場合は禁錮10年以上。最高刑は終身刑。複雑な案件では、中国本土に身柄を移送し中国本土で裁判をすることも認めている。外国人にも適用される。

◆雨傘運動

香港の憲法に当たる香港基本法には、行政長官選、立法会選ともに「最終的には普通選挙で選出する」と規定されている。基本法の解釈権をもつ全人代常務委員会は２００７年、中国と香港の関係が良好だったことを背景に、「17年の行政長官選で普通選挙を実施してもよい」と決定した。

しかし12年に習近平体制が発足すると、中国は香港への直接支配を強めていく。全人代常務委は14年8月、17年の長官選は①18歳以上の香港市民による投票で決める②立候補者は（親中派が多数を占める）「指名委員会」で過半数の支持を必要とする――と規定し、民主派の立候補を事実上排除する決定を下した。

反発した民主派や市民らは14年9月、真の普通選挙実施を要求して、香港島・金鐘の政府庁舎前の幹線道路などを占拠、非暴力での抗議活動を始めた。この活動は、警察が撃つ催涙弾を雨傘で防いだことから「雨傘運動」と呼ばれた。幹線道路が長期間不通となり生活への影響が出始めると、市民が運動から離れていき、結局、同年12月に強制排除されて、雨傘運動は79日間で終結した。

第2章
若者たちの反乱

香港200万人デモの衝撃

香港で2019年6月16日に起きた約200万人（主催者発表）デモを目の当たりにして、信じられない思いがした。香港市民が100万人規模で中国にNOを突きつけたのは実に4回目だ。そんな地域は世界のどこにもない。

香港で最初に100万人規模のデモが起きたのは、英領時代の1989年5月21日。中国・北京の天安門広場を舞台にした中国の民主化運動への支持を訴えるデモだった。同28日にも150万人規模の同様のデモが起きている。

中国の学生たちを支援するのが目的だったが、実際には、中国への返還が8年後の97年に迫る中、自分たちの将来を心配した反中デモだった。〝香港の中国化〟を懸念したのだ。

　そして今回、中国本土への容疑者引き渡しを可能にする条例の改正問題をめぐり、2019年6月9日に103万人（主催者発表）が、16日には約200万人が香港政府とその背後の中国当局に異議を唱えたのである。

私は98年から2001年まで香港に特派員として駐在したが、その経験から考えて、そもそも多くの市民が政治的デモに参加したこと自体に驚いた。

もともと香港は移民たちによって形成された街だ。アヘン戦争後の1842年に英国の植民地となって以降、香港は「借りものの場所、借りものの時間」としばしば形容されてきた。だからだろうか、香港に駐在していた当時、周りには「中国との間で何か問題が起きれば移民すればいい」と考えていた香港市民が少なくなかった。

高度な自治が保障された香港の「一国二制度」は返還から50年間、つまり２０４７年までしか適用されない。それ以降は共産中国に完全にのみ込まれる。当時の市民にとって、香港は返還後も「借りものの場所、借りものの時間」という認識だったのではないか。

変化が起きたのは、返還後に生まれた香港人が増えてからだ。非植民地の香港に生まれた彼らに、もはや移民意識はない。香港が故郷であり、借りものではない自分の「場所」である。

とはいえ、一国二制度が終わる47年までは、やはり「借りものの時間」なのだ。返還の年に生まれた香港人は50歳の働き盛りで47年を迎える。今回のデモの特徴は10代の参加者が増えていることだ。若ければ若いほど切実な問題だろう。

香港返還前後に盛んに行われた議論がある。返還後に進むのは、中国の香港化か、香港の中国化か――。

返還からしばらくの間、顕著だったのは中国の香港化だった。中国は01年に世界貿易機関（ＷＴＯ）加盟を果たす。だが、中国が経済発展を実現すると、香港の中国化が進んでいく。

最近、大規模デモが相次ぐ背景には、歯止めがきかない香港の中国化という問題がある。そしてこうした中国への反発は、47年が近づくにつれて大きくなっていくものなのだ。中国共産党はこれにどう対処するのか。

香港市民は今回、大規模デモを通じて中国当局や香港政府から譲歩を勝ち取った。「軟弱な態度では勝てない」（香港紙、東方日報）と意気も上がる。

１９８９年の中国の民主化運動は天安門広場で１００万人規模のデモを行ったが、結局、共産党に武力弾圧されてしまう。19年6月16日の２００万人デモに参加した香港の男性(62)は、こんな不安を口にした。

「今後、香港でミニ天安門事件が起きなければいいが……」

今回の成功体験を、香港版天安門事件へ向かう一歩にしてはならない。

（２０１９年6月18日）

香港元ナンバー2「一国二制度守る努力を」

元香港政府のナンバー２で〝香港の良心〟と評された陳方安生（アンソン・チャン）元政務官（79）が２０１９年６月18日、インタビューに応じ、「混乱を収拾するためにはまず、逃亡犯条例の改正案を撤回する必要がある」と主張、「（高度な自治が保障された）一国二制度を守るためにもっと努力すべきだ」と述べ、林鄭月娥《りんていげつが》（キャリー・ラム）行政長官を批判した。

陳方は香港が中国へ返還された１９９７年から２００１年まで香港政府ナンバー２の政務官を務めた。中国当局への歯に衣《きぬ》着せぬ物言いで知られ、市民の人気が高かった。一連の大規模デモにも参加している。

陳方はこの日のインタビューで、「改正案が撤回されない限り、市民の頭上でナイフが回り続ける」とし、撤回を明言しないと誰も安心しないと述べた。香港で大規模デモが続く背景として、①一国二制度のあるべき姿が失われつつある②行政長官を市民自らが選べない③立法会が親中派政党による一党独裁と化してしまった――現状への不満があると分析。「若者たちが自分の将来に希望をもてない」ためだと指摘した。

また、自らが政務官を務めていた当時、「『港人治港』（香港人が香港を統治する）や三権分立を維持するために頑張った」と強調。今では、中国当局が香港の出先機関や親中派の議員を通じて「港人治港と一国二制度に干渉」しているとし、「北京の傀儡《かいらい》政権となるべきではない」と香港政府を厳しく批判した。

（２０１９年６月19日）

香港の明日を奪う中国移民

香港の混乱が続いている。中国本土への容疑者引き渡しを可能にする「逃亡犯条例」改正案をめぐり、完全撤回を求めるデモに香港市民が参加する理由はさまざまだ。増え続ける中国移民によって生活が圧迫されている現状もその一つだが、デモ参加者からは中国共産党・習近平政権を批判する声は聞こえてこない。

高校１年生の尹《いん》（16）に会ったのは香港島の湾仔（ワンチャイ）の公園だった。主催者発表で55万人が参加した７月１日のデモ行進の途中、一息ついていた。

隣には母親（45）もいた。香港生まれで祖先の出身も香港。父親は輸送関係の会社に勤め、この日は仕事をしていた。

「香港の自由を守りたい。今、守らないと取り返しのつかないことになる」

学校の先生からは「新聞を読んで、デモに参加するかどうかは自分で考えなさい」といわれている。

尹がデモの情報を得ているのは通信アプリからだ。

「××にはデモ参加者が少ないから集結せよ」

「警官隊に突っ込むな」

こうした情報が瞬時に拡散され、それを受け取った尹らが行動に移す。

返還50年後の2047年、一国二制度が終わりを告げるとき、尹はまだ44歳。

「不安でたまらない。とにかく、今の香港を守る。それが将来につながる」

夢は何かと聞いてみた。「夢がない、希望もない、お金もない。可能なら大学に行きたいけど、就職のチャンスも狭まっている」

香港に移住する中国本土出身者のことが念頭にある。香港は毎年、5万人を本土から受け入れている。

「毎日150人ずつ増えているんだ。それだけ僕たちのチャンスが奪われる」

返還後30年で150万人が増える計算になる。香港の人口の20%に相当する。

英領時代の香港に生まれた母親もこういう。

「私の子供のころは確かに貧しかった。でもみんな貧しく、チャンスは均等にあったように思う」

尹家ではまるで中国の移民に追い出されるように、これまで考えたこともなかった「外国移住」について話をする機会が増えたという。尹は黒マスクを口に着け、写真撮影も、名前を明かすのも拒んでデモに戻っていった。

（２０１９年7月5日）

デモからレジスタンスへ

「逃亡犯条例」の改正問題に端を発した香港の政治・社会的な混乱は２０１９年11月９日で5カ月を迎える。「反香港政府」から「反中国共産党」へ、「反林鄭月娥行政長官」から「反習近平国家主席」へ、デモ参加者たちのスローガンは変質した。党の重要会議、第19期中央委員会第４回総会（４中総会）で香港問題を集中討議した習指導部は、どう対処するつもりなのか。

中国国営通信社、新華社香港支社は、英領時代の香港において中国の代表部といえる存在だった。繁華街、湾仔にある同支社ビルが11月2日、デモ隊に襲撃された。入り口の大きなガラスが破壊され、火が放たれた。外壁には「駆逐　共匪」（共産党の賊どもを追い出せ）、近くの停留所には「打倒　共産党」と殴り書きされていた。香港の時代の移り変わりを象徴する光景を、市民が驚いたように見つめていた。

2019 年 11 月2日、デモ隊に襲撃された中国国営通信・新華社香港支社

2019 年 11 月2日の反中デモでは「打倒共産党」などの落書きも

発端は、香港から中国本土への容疑者引き渡しを可能にする「逃亡犯条例」改正案への反対デモだった。6月9日に103万人（主催者発表）のデモが行われ、一連の混乱が始まった。6月16日のデモは、香港史上最多の200万人（同）に膨れ上がった。

ただ、6月の時点でデモ参加者の批判の矛先は、香港政府やトップの林鄭に向かっていた。現場で中国政府や習への批判はほとんど聞かれなかった。

「北京（中国政府）を直接非難するのは（政治デモの）策略としてよくないことを香港市民は知っている。より大きな圧力を招きかねないからだ」

香港の政治評論家、劉鋭紹はこう話していた。

民主派や学生など反政府デモに参加する人々は、その抗議手法によって「和理非（平和、理性、非暴力）派」と「勇武（武闘）派」に大別される。劉の見方は和理非派の論理といえた。1997年の返還以降、高度の自治が保障された香港における「一国二制度」の擁護や、選挙制度の民主化に失敗してきた民主派勢力の論理でもある。

転換点は、2019年7月1日と21日だった。

返還記念日の7月1日、若者たちが立法会に突入して議場を徹底的に破壊し、平和裏に行われてきたデモの風向きが変わる。若者たちは以後、火炎瓶やブロックの破片を警官隊に投げたり、駅構内を破壊したりするなど、過激な行動で政府に圧力をかけるようになっていく。

香港で一国二制度が保障されているのは返還50年後の２０４７年までだ。現在10～20代の若者たちは30代後半～50代中盤の働き盛りのときに、中国に完全にのみ込まれてしまう。こうした将来の不安に加え、返還後、①中国本土からの移民の流入によって就職難に拍車が掛かっている②中国マネーによって不動産価格が高騰しマイホームを諦めざるを得なくなっている――など、若者たちを取り巻く厳しい環境も彼らを激しいデモに駆り立てた。

79日間続いた14年の香港民主化運動「雨傘運動」では、和理非派とそれ以外のグループで路線対立が起き、政府の譲歩を得られないまま強制排除された苦い経験がある。この反省から今回は、普通選挙の実現など「５大要求」を両派の最大公約数とし、互いの批判を抑制した。

そして7月21日、デモ隊はついに一線を越えた。香港政府の背後にひかえる中国政府の香港出先機関、香港連絡弁公室を包囲し、中国の国章に黒い液体をかけるなどした。

同じ日、暴力団員とみられる白シャツ姿の男１００人以上がデモ帰りの若者らに襲いかかり、45人が負傷する事件も起きた。警察が駆けつけたのは男らが逃げた後。事件前、親中派の立法会議員が白シャツ姿の男と会っていたことも判明し、「警察への不信感とともに、親中派や中国への反感が高まった」(民主派の立法会議員)。

出先機関の襲撃に中国政府は猛反発したものの、若者たちは動じず、反中デモは激しくなっていった。今では、中国を真っ向から批判するプラカードや横断幕を掲げる中高年のデモ参加者も多い。ナチスと中国を同一視した「CHINAZI」という造語や、「全民抗共!」「天滅中共、天滅支那!」といったスローガンも叫ばれている。

共産中国が建国70周年を迎えた19年10月1日、香港で組織された反中デモでは「一日も早い中国の滅亡と習近平(国家主席)の死を願う」と書かれたビラがまかれていた。また、遺影仕立ての習の写真が路上に張り付けられ、デモ参加者らが踏みつけていた。

いずれも中国本土では政権転覆容疑などで即刻逮捕される重大な犯罪行為だ。一国二制度下の香港では「二制度」の危機が叫ばれてきたが、もはや「一国」も破綻しつつある。住民たちがこれほど口を極めて、自らの国家元首をののしる街は中国のどこにもない。

もっとも、公然と習を批判できることこそ「二制度」が香港で機能している証左だといえる。ただ、現状は中国当局が許容できる一国二制度ではない。

反中デモで中国共産党を非難するプラカードを掲げて歩く参加者たち＝2019年10月1日

習は11月4日、上海で林鄭と会談し、「法に基づき暴力活動を処罰すること」を命じ、一層の厳しい対応を求めた。6日には韓正《かんせい》副首相が北京で林鄭と会談、香港問題を討議した4中総会の決定事項を通達した。

4中総会をめぐり、香港では決定事項に含まれた「行政長官の任免制度の改善」に関心が集まっていた。英紙フィナンシャル・タイムズが10月23日、中国政府が20年3月までに林鄭を更迭することを検討していると報じたためだ。

今回、習は林鄭に「高い信頼を置いている」とも述べ、更迭説の火消しを図った。しかし、「もし中国政府が林鄭を支持しているのなら、なぜ任免制度を改善する必要があるのか」（胡志偉《こしい》民主党主席）などの意見もあり、更迭説はくすぶり続けている。

4中総会のコミュニケで示された「国家の安全を守るための法律」の構築方針についても、香港では「国家安全条例の制定を改めて香港当局に迫ったものだ」と受け止められている。国家安全条例に関しては、基本法23条で「香港は国家分裂や反乱の扇動、政権転覆を禁じる法律を自ら制定しなければならない」と規定されているが、棚上げ状態となっている。もし制定されれば、反中デモの再発防止になる。

そこで中国政府は、立法会の手続きが必要のない緊急状況規則条例（緊急法）などを使って、林鄭に徹底的に抗議活動を弾圧させた後、「後任の行政長官に国家安全条例の制定を推進させるのではないか」（政治評論家の林和立）などの見方もある。

今や、香港市民たちの抗議活動はデモのレベルを超えた。中国当局からみれば「反乱」であり、香港側からみれば、共産党支配に対する「レジスタンス」（抵抗運動）である。市民たちのかけ声も「香港人、頑張れ！」から、「香港人、抵抗せよ！」に変わった。

これまでの拘束者は3千人超。3分の1が学生だ。市民たちは運動が抑え込まれれば、中国当局による容赦のない報復が待っていることを、1989年の天安門事件で知っている。若者たちの「もはや引き返せない」との思いが行動をより先鋭化させる。

香港への圧力を強める共産党に対し、自由の擁護と民主化を求めてやまない香港市民たち。日本政府は旗幟《きし》を鮮明にすべきときだ。（２０１９年11月９日）

◆５大要求

デモ参加者が求めているのは「５大要求」全ての受け入れだ。５大要求とは、①逃亡犯条例改正案の完全撤回②デモを「暴動」と認定した香港政府見解の取り消し③警察の暴力に関する独立調査委員会の設置④逮捕されたデモ参加者らの釈放⑤行政長官選や立法会選での普通選挙の実現。

このうち逃亡犯条例改正案については、香港政府が２０１９年９月に完全撤回を表明した。

「大学は戦場のようだった」

反政府デモが続く香港で今、デモ隊と警官隊の主戦場となっているのが大学だ。1千発の催涙弾と２００本の火炎瓶が前日に飛び交ったと報じられた香港中文大には２０１９年11月13日、「戦場のようだった」と振り返る救急隊員や「警察の暴力はエスカレートするばかりだ」と憤る若者たちの姿があった。

香港中心部で行われたデモの制圧に乗り出す警官隊＝2019年11月11日

九竜地区の北部にある香港中文大は香港大と並ぶ香港屈指の名門校だ。11月12日は午後3時ごろから約10時間にわたり、校内に突入した警官隊と学生らデモ隊の間で激しい攻防戦が繰り広げられた。香港メディアは約60人が負傷したと伝えている。

13日、山の斜面に建てられた香港中文大の構内に入ると、焦げたにおいが漂い、催涙ガスがまだ残っているのか目が少しひりひりした。がれきやガラスの破片が道路に散乱している。

建物の壁には、香港政府トップの林鄭月娥行政長官や中国共産党、習近平国家主席を非難する「殺人政権」「天滅中

デモ隊と警官隊の衝突が続く香港中文大学を訪ねると、学生らが火炎瓶を作っていた＝2019年11月13日

共」「ゴキブリ近平」などの言葉が殴り書きされていた。「死なばもろとも」を意味する言葉も記されていた。

焼け焦げた車両やタイヤ、廃材、傘などで作られたバリケードの手前に、12日の激戦地、陸橋「二号橋」があった。

橋をはさんで、警官隊とデモ隊が対峙。警官隊が放つ催涙弾で一帯は白煙に包まれたという。デモ隊側は火炎瓶で応戦した。

「まるで戦場のようだった。次から次へとけが人が出た。頭に3発のゴム弾を浴びた若者もいた」。昨夜から学生らの救援で働きづめというボランティア男性（22）は話す。「あまりの非情さに、泣き出したくなるほどだった」という。

橋の攻防戦に参加し、ほとんど眠っていないという飲食店従業員の男性(22)は「警察の暴力はエスカレートするばかりだ。催涙弾やゴム弾などを撃ち続けていた。信じられない」と怒りをぶちまけた。

昨夜、仕事が終わってから駆けつけたという会社員の男性(27)は「市民をこれほど苦しい目にあわせる林鄭は史上最悪の行政長官として歴史に刻まれるだろう」と憤った。

構内には親子連れの姿も。12歳の息子と7歳の娘を連れて歩いていた父親のアンドリュー(50)は「今の政府がどれだけひどいことをしているかを子供たちに見せようと思ったんだ」と話していた。

(2019年11月14日)

親中派への「私刑」横行

香港政府や中国共産党への抗議活動が続く香港で、反政府デモを批判したり、親中派や中国本土出身者とみなされたりした人物への暴力が相次いでいる。出張中の日本人男性がデモ隊に暴行されたのもこのケースで、深まる香港社会の分断が背景にある。中国人留学生たちも香港を脱出し始めた。

在香港の日本総領事館などによると、50代の日本人男性が2019年11月11日、繁華街でデモ隊の写真を撮っていたところ、突然、若者に暴行された。この日本人は短髪で、中国人に間違えられた可能性が高い。デモ参加者は、身元を特定するためデモ隊を撮影する中国の公安関係者らを警戒している。

同じ日、デモを批判した香港の男性（57）も市民と口論になり、何者かに油をかけられて火を付けられ、重体となった。また、警察の取り締まり中に建物から転落して重体に陥った男子学生（11月8日死亡）が通っていた香港科技大では11月6日、中国本土出身の留学生4人が学生から暴行を受けている。

校長との公開討論会で、デモを暴力的に鎮圧する警察に抗議しない学校側を学生らが糾弾していた際、留学生たちは学校側への支持を表明したという。

香港政府や中国当局への反発を強めるデモ参加者たちは、これらの行為を全て「私了」という広東語で表現している。本来は「問題が生じたとき、警察に通報せず自分で解決する」といった意味だ。デモが本格化してからは「私刑」に近い意味で使われている。

民主派には「意見や立場の違いを暴力で解決しようとする『私了』には反対すべきだ」という立法会議員もいる。しかし、強硬姿勢に拍車が掛かる政府や警察への憎悪の念が募る中、デモ参加者の間で黙認されているのが現状だ。

デモで叫ぶシュプレヒコールも、最近は「香港人よ、報復せよ！」に変わった。抗議活動を続ける若者からも、「普通選挙の実現」など民主化要求のスローガンより、香港政府や警察、中国共産党への憎悪の言葉を聞くことが多くなっている。

11月12日にデモ隊と警官隊が激しく衝突した香港中文大では、中国本土出身の留学生80人以上が、香港警察の支援を受けながら大学構内を脱出し本土に戻った。立てこもりを続ける構内でこのニュースを知った女子学生（21）は「私たちの税金を使って中国人を守るなんて警察はやっぱり最低ね」と話していた。

（２０１９年11月15日）

「未来は自分で決める」

反政府デモが続く香港では２０１９年11月18日から19日未明にかけて、若者らが立てこもる香港理工大の周辺で警官隊とデモ隊が衝突を繰り返した。香港警察は19日、同大とその周囲で強制排除されたか自主的に投降した若者らが計約１１００人に上ったと発表した。

香港でデモ隊と警官隊の主戦場となった香港理工大には、10代の中高校生も多数立てこもっていた。その中にいた女子高校生（17）が11月19日までに産経新聞の取材に応じ、恐怖と使命感の間で苦しんでいた当時の少年少女たちの思いを語った。

中学5年（日本の高校2年）の陳（仮名）が知人の大学生と、理工大に入ったのは17日午後5時ごろ。警察によって出入り口が封鎖されていたため、催涙弾と火炎瓶が飛び交う中、2・5メートルのフェンスをよじ登り構内に入った。

構内では、若者たちがバリケードを築いたり、火炎瓶を作ったりと忙しく動き回っていた。同じ中学生（日本の中高校生）も多数見かけたが、「おびえている子や、絶望的な表情をしている子が多かった」という。大学生らが「大丈夫だ。援軍が来るからな」と励ましていた。電話やSNSを通じ、「早く帰ってきなさい」と親から圧力を受け、使命感との間で苦しむ中学生もいた。

「自分の伝えておきたいことを早く書いておけ」。ある男性がこう叫んだのを合図に、若者たちが広場に集まり、「遺書」や、自分の身元が分かる個人情報を書き始めた。催涙弾の発射音がずっと聞こえていた。

「私の後に続いて香港のために歩いてほしい」。陳もまだ見ぬ後輩たちに書き残し、ズボンのポケットに押し込んだ。周囲に数百人いたが、みな何かを伝えようとしていた。

11月18日未明、催涙ガスの白煙に包まれる中、陳は記者たちに紛れて何とか大学から脱出できた。理工大の構内にいた約12時間、自分は何もできなかったという無力感にさいなまれた。

「でも、大学生になるまで待っていられない。自分の未来は自分で決める。世界の人に私たちの行動を理解してほしい」

陳は同じ世代の思いを代弁し、決意を新たにしている。

（２０１９年11月20日）

民主派圧勝の香港区議選

注目された２０１９年11月24日の香港区議会選は71％という過去最高の投票率を記録し、親政府・親中派勢力が惨敗、民主派勢力が圧勝した。香港政府への不信任とともに、反政府・反中デモを支持する民意が示された形だ。政府トップ、林鄭月娥行政長官への支持を繰り返し強調してきた中国の習近平政権の敗北でもある。

「最近の抗議活動が暴力化したとの批判は支持者の間でも少なくない。区議会選はその民意を測るバロメーターとなるだろう」

民主派の立法会（議会）議員は投票前、不安げにこう話していた。親中派候補が選挙戦で訴えていたのも、「民主派は若者たちの暴力を支持している」という点に尽きた。

しかし選挙結果をみれば民意は明らかだ。有権者の３人に２人以上が投票所に出かけ、民主派が８割以上の議席を獲得した衝撃は大きい。６月16日、主催者発表で２００万人もの市民が反政府デモに参加したときの衝撃度に匹敵する。

最近、香港中文大や香港理工大で警官隊と激しい衝突を繰り広げ、勇武派の若者の多くが傷つき、拘束された。今回は６月の１００万～２００万人規模のデモを主導した和理非派が選挙戦の〝前線〟に立って、勝利を収めたといえる。

今後、和理非派と勇武派が区議会選の圧勝を追い風に、林鄭に対し、行政長官選における真の普通選挙導入などの「５大要求」の受け入れを迫っていくのは間違いない。

このうち、林鄭はすでに「逃亡犯条例」改正案の撤回を余儀なくされた。残る４つの要求の中で、親中派の間でも実現を求める声が少なくないのが、警察当局の暴力行為に関する「独立調査委員会の設置」だ。しかし調査対象となる香港警察が猛反対している。

また、１人１票の直接選挙で実施された区議会選を通じて、民意を明確に示すことができた市民たちは、これまで以上に行政長官選での真の普通選挙実現を求めていく可能性が高い。行政長官選は、職業別団体の代表らで構成される選挙委員会の間接選挙で実施され、民意が直接反映される仕組みになっていないからだ。

民主派勢力は近く大規模集会を組織し、政府への圧力を強めるとみられる。米国で「香港人権民主法案」が成立すれば、運動はますます活気づくだろう。香港の時事評論家、蔡《さい》子強《しきょう》は「北京も民意を無視できず、林鄭の更迭を真剣に考慮する可能性がある」との見方を示した。

追い込まれた林鄭の次の一手は何か。つまり、中国当局が区議会選をどう総括し、どう対応するのか。譲歩に応じるのか、林鄭降ろしに動くのか、一層の強硬策に踏み切るのか——。

区議会選で民意は明確に示された。しかし半年近く続く香港の抗議活動の行方は、さらに混迷の度を深めることになった。

（２０１９年11月26日）

デモに仕組まれた罠

なぜ、立てこもってしまったのだろう？　ずっと疑問だった。２０１９年11月16日以降、若者らが占拠を続け、29日に開放された香港理工大のことだ。

12日に警官隊と激しく衝突した後、構内に立てこもろうとはせず、16日未明までに撤収してしまった香港中文大とは対照的だった。

19年６月に本格化した一連の抗議活動の合言葉は「ＢＥ　ＷＡＴＥＲ」（水になれ！）のはずである。１カ所にとどまらず、縦横無尽に、変幻自在に抗議活動を続けるという戦略だった。

14年の民主化運動「雨傘運動」では、79日間にわたり政府本部周辺の幹線道路を占拠し、市民の支持を失って失敗していた。

中文大の場合、警察の突入が近いとの情報が流れた11月15日に、若者らが対応を協議している。蘋果日報によると、「中文大は重要拠点だ」と〝籠城〟を唱える若者たちがいる一方、「雨傘運動の過ちを繰り返してはならない」「ＢＥ　ＷＡＴＥＲであるべきだ」と主張する若者らがいた。３時間の協議を経て撤収が決まったという。

「そうではない」と話す若者もいる。デモ参加者は「和理非（平和、理性、非暴力）派」と「勇武（武闘）派」に大別されるが、中文大の攻防戦に参加していたのは勇武派の若者たちだ。その一人は「仲間割れがひどかったんだ」と明かす。中文大の学生と、外部から来た若者との対立だ。

「なぜ、大学構内のガラスを壊して回ったのか」「よそ者は俺たちの指示に従え」と迫る中文大の学生らに、外部の若者たちは「自分の大学なのだから、もっと前線で戦え」「なぜ、あれもするな、これもするなと注意するのか」と不満をぶつけた。結局、外部組に中文大で戦う意思がなくなったのだという。

ある大学講師は別の見方をする。抗議活動を分析している彼によると、「若者らは中文大より理工大の方が戦略的価値が高いと考えた」。理工大の近くには、九竜半島と香港島を結ぶ海底トンネルの出入り口や、香港の主要駅、紅磡（ホンハム）駅があるからだ。

中文大を出た若者たちは理工大に集結し始め、海底トンネルの往来などを遮断する挙に出た。しかし——。

「広大な山の斜面にある中文大より、市街地にある理工大の方が警察にとっては好都合だった」（大学講師）。つまり、大学を包囲しやすかったのだ。

理工大の構内にいた若者も証言する。「警官隊と激しい衝突があった11月17日夜以降、警察に完全に封鎖され、気付いたら外に出られなくなっていた」「立てこもったのではなく、脱出できなかったんだ。まんまと警察のわなにはめられた……」

警察側が、理工大に集結した勇武派の若者らを一網打尽にしようとしたのは間違いなさそうだ。結局、理工大とその周辺で１３７７人を拘束している。

今後、抗議活動は失速していくのだろうか。

11月24日の区議会選は民主派が圧勝したが、政府はその後、いかなる譲歩も拒否した。だが、譲歩すべきときだった。これまでそのタイミングを間違え、デモを激化させてきた経緯がある。そして12月１日、勇武派の代わりに和理非派が主導して、約38万人の大規模デモが起きた。民意を無視された市民の怒りが根底にあった。

反政府デモは、民主派の区議会選圧勝だけでなく、政府の判断ミスによっても息を吹き返したのである。

（２０１９年12月３日）

相次ぐ爆弾事件に親政府紙「反英ＩＲＡ参考」

反政府デモが本格化してから半年が過ぎた香港で、爆弾や起爆装置、爆弾関連物質の押収が相次いでいる。政府に近い香港紙は、デモ参加者の一部が「（爆弾テロなどの反英武装闘争を繰り広げた）アイルランド共和軍（ＩＲＡ）の襲撃方法」を参考にしていると報じた。一方、市民の間では「当局が故意に若者の過激化を演出しようとしている」などと反発の声も出ている。

警察の発表によると、警察当局は２０１９年12月14日、新界地区で同日、手製爆弾の爆破実験などを行ったとして、27～40歳の男3人を逮捕した。遠隔操作で起爆する装置なども押収した。

男の一人は中学校（日本の中学・高校に相当）の職員で実験室を管理していたという。警察当局は「集会やデモ行進の際に使用する爆弾の爆破力を高めようとしていた」との見方を示した。政府に近い香港紙、星島日報は「標的は警察本部や政府施設」と報じた。

香港では12月9日にも、香港島の繁華街に近い中学校の敷地内で手製爆弾2個が発見、押収されている。計10キロの高性能爆薬が詰められた爆弾には、殺傷力を高めるため大量のくぎが入っていた。携帯電話で起爆する仕組みで、爆発すれば100メートルの範囲に被害が及ぶ可能性があったという。

香港メディアによると、12月6日と13日にも大学構内などで、爆弾に使用可能な危険物質が押収された。香港英字紙、サウスチャイナ・モーニング・ポストは「香港の治安は今、1997年の中国返還後、最も警戒を要する危険な状況だ」と注意喚起する警察関係者のコメントを伝えた。

また星島日報によると、デモ参加者の中で勇武（武闘）派と呼ばれるグループ内に、「数十人の極端な暴力分子から成る『V小隊』があり、警察を襲撃するため、IRAのやり方を手本にしている」という。ＩＲＡは北アイルランドの英国からの分離を求め、１９９０年代まで爆弾テロなどの反英武装闘争を展開した。

一方、ネット上では「爆弾摘発は当局の自作自演だ」などと警察を批判する書き込みも少なくない。

（２０１９年12月16日）

38メートルの寄せ書き

香港で２０１９年12月29日に行われた政府への抗議集会では、主催者が用意した約38メートルの横断幕に市民らが半年余りの活動を振り返り寄せ書きをしていた。香港で日常的に使われる広東語のほか、英語、フランス語や、ラテン語、日本語で書かれたメッセージを読むと、市民のさまざまな思いが伝わってくる。

「今日のみんなの小さな一歩が、明日の香港の大きな一歩に！」

「沈黙を捨てよう」「平安と安逸は違うぞ」「香港人、抵抗せよ！　諦めてはならない。民主と正義を追い求めて」

日本語で「自由は死せず」とも。

民主的な選挙の実現や警察の暴力を調べる独立調査委員会の設置など、香港政府に対する市民らの要求もつづられていた。

「人民は政府を恐れてはならない。政府が人民を恐れるべきなのだ」「香港政府を解散させ、真の普通選挙をこの手に」「逮捕者を釈放せよ！」

6千人以上を逮捕・拘束した警察への風当たりは特に強い。

市民たちは半年余りに及ぶデモを振り返り、さまざまな思いを長さ38メートルの横断幕に書き連ねた＝2019年12月29日

「決して忘れるな、決して許すな、香港警察を！　血には血であがなえ」「警察国家にNOを！」「私たちの子供に催涙弾を撃たないで」

ラテン語の格言も書かれていた。「誰が見張り人を見張るのか（誰が一体、警察を取り締まるのか）」

デモでは一部の若者が商店襲撃など過激な行動を取って

いるが、若者への謝意を示す市民は少なくない。

「若者よ、ありがとう。君たちが私たちを変えた」「若者よ、君たちがいるから香港には希望がある」「香港のために、わがふるさとのために、人権、自由のために、私たちはこの香港を守り続ける。永遠に仲間割れはしない」


一連の抗議活動には、香港政府を操る中国共産党への抵抗運動の側面もある。

「（第二次世界大戦中の）78年前（の12月25日）、英軍が（日本に）降伏し、香港は『ブラック・クリスマス』を迎えた。そして今は『第2のブラック・クリスマス』だ。われわれは絶対に降伏しない。中共（中国共産党）に死を！」

「反共の前線として、どんな困難があろうとも共産体制が消滅するまで、香港人よ、勇ましく前進せよ」

「彼や彼女が中共に殺されても復讐《ふくしゅう》しないなら、次にやられるのはあなただ」

「共産党を駆逐して、香港を取り戻せ！」

「中共を打倒して、香港独立を！」

「希望があるから戦い続けるのではなく、戦い続けるから希望があるのだ」とも。そして最後の方には、英語でこうつづられていた。

「イッツ・ジャスト・ザ・ビギニング!!（これは、まだ始まりにすぎない）」

（2019年12月31日）

若者に「独立」じわり浸透

香港で行われた2020年の元日デモに100万人以上が参加した。目についたのは、「香港独立」の主張だった。19年10月以降、「中国共産党滅亡」を掲げるスローガンが増えていったが、それに続く新たな潮流といえるものだ。特に抗議活動を主導する若者の間で独立への支持が浸透し始めている。中国の強硬な介入を招きかねない過激な主張なのだが、民主派勢力にとっても簡単に排除できないジレンマがある。

「一国二制度は時限爆弾だ！　中国を信用できないのに、どうして一国二制度を信用できるというのか」

元日デモが行われた1月1日、香港島の繁華街、コーズウェイベイ（銅鑼湾）で「香港独立」の旗をバックに、鄭俠《ていきょう》（38）がデモ参加者らに訴えていた。香港独立派のリーダーの一人である鄭に、「香港で独立を支持する市民は少ないのでは」と質問すると、「独立を求める声は若者を中心に広がっている。これからだ」と反論した。

2020年1月1日に香港で行われたデモ。「香港独立」の旗を掲げてデモをする香港の若者たち

確かに1日のデモ行進では、香港独立の旗だけでなく、「香港独立が唯一の活路だ」といったシュプレヒコールも起こっていた。通り沿いの停留所などには、「真の普通選挙を実現するには独立しかない」「中共滅亡、香港独立！」といったスローガンも多数、殴り書きされていた。

これまでのデモでも香港独立を求める声やスローガンはあったが、それほど多くなく目立たなかった。

香港政府は独立の主張について、「香港は中国の不可分の一部」と定めた基本法（憲法に相当）に違反するとの立場だ。２０１８年には、独立を掲げる「香港民族党」を非合法化した。国家分裂行為を厳しく取り締まる中国当局の意向を受けた措置とみられている。

独立に関する一般市民の反応は――というと、「難しいと思う」(49歳男性)「まずは5大要求の実現」(50代女性)「独立より、真の一国二制度を求める」(30代男性)と冷ややかだ。19年10月の世論調査でも、「香港独立に賛成しない」が83％を占めている。

ただ、鄭が主張するように、若者の間では独立支持が少なくない可能性がある。1日のデモに参加した10代の中高校生4人に「独立要求をどう思うか」と聞くと、即座に「支持する」との答えが返ってきた。一連の抗議活動を主導するのは10代、20代の若者たちだ。政治評論家の劉鋭紹は「中国当局が『香港独立』の主張を口実に、香港の自由をさらに圧迫する可能性がある」と警鐘を鳴らす。しかし、民主派としても独立の声を簡単に排除できないわけがある。

昨年来の抗議活動では、「仲間割れしない」という不文律が参加者の間で共有されているためだ。14年の民主化運動「雨傘運動」は、路線対立によって行き詰まったとも指摘されている。

1日のデモに参加した民主党の盧《ろ》俊《しゅん》宇《う》屯門区議会議員(37)は、今回のデモで独立の主張が目立ったことについて「一国二制度が信用を失ったからだ。理解できる。意見は異なるが尊重したい」と話した。（２０２０年１月３日）

医師・看護師ストの実態は反中第２幕

香港の看護師ら医療関係者約２５００人が２０２０年２月３日、中国本土との境界の完全封鎖などを求めてストライキに突入した。新型コロナウイルスの感染に歯止めがかからない中でのスト決行は極めて異例。４日以降、ストの規模は最大９千人まで拡大する可能性がある。

ストに入ったのは、一部の医療関係者が参加する労働組合「病院管理局職員戦線」。３日は非緊急部門で働く看護師や医師らがストを行った。各病院は元看護師らを動員し対応したが、一部の手術が延期されるなどの影響が出たという。

香港政府は６カ所の出入境施設を閉鎖していたが、医療関係者らは①それでは全体の１割しか流入を阻止できない②香港に隣接する広東省の感染者が６００人を突破している――として全施設の閉鎖や市民のマスク着用の義務化など「５大要求」の受け入れを迫った。

政府は２月３日のストを受けて、陸路で最大の施設である羅湖《らこ》など４カ所を閉鎖すると発表。しかしまだ全体の約6割が流入し続けるとして、組合は予定通り7日までストを継続することを決めた。世論調査によると香港市民の8割が完全封鎖を支持しているという。中国本土との境界を完全に封鎖するよう要求するストの実態は、反香港政府・反中国共産党デモである。19年6月から続く一連の抗議活動は第2幕に入った。

「封関救港（境界を封鎖して香港を救おう）！」

香港の医療関係者らが掲げるスローガンだ。立法会や区議会議員をはじめとする民主派勢力も、看護師らの封鎖要求と今回のストを全面的に支持している。

これに対し、香港政府や親政府・親中派の議員らは「世界保健機関（WHO）は渡航制限を勧告していない」「中国本土出身者への差別感情を助長する」などと封鎖に反対し、「患者を人質にしてはならない」とストに激しく反発する。今回の新型コロナをめぐる対立構図は、19年から続く反政府・反中デモと全く同じだ。

デモを担ってきた若者らも、公営住宅などを新型コロナの隔離施設に利用しようという政府に対し抗議の声を上げる住民たちに合流、警察と対峙している。

20年1月下旬、政府が感染症の警戒レベルを最高の「緊急」に引き上げた結果、民主派がこれまで、普通選挙などを求めて組織してきたデモ行進や抗議集会の実施は難しくなっ

「ストライキ中」と書かれたボードを掲げる医療関係者ら＝2020年2月4日

ている。こうした中で降ってわいた新型コロナをめぐる政府への不満の高まりは、民主派や若者らにとって好都合だ。中国本土との境界封鎖は、民主派らが求める「中国の影響力排除」にもつながる。

　そもそも今回のストを決行した「病院管理局職員戦線」は、反政府デモの高まりの中で生まれた新興組織で、急進的な若者らが主導している。

　中国政府が中国人の往来規制を強化した米国などに反発する中で、香港政府が中国本土との境界封鎖に踏み切るのはハードルが高い。ある民主派メンバーは「香港政府が市民を第一に考えず、中国政府の顔色をうかがっている状況は、逃亡犯条例改正問題のときと変わっていない」と述べ、新型コロナをめぐる対立は反政府デモの色合いを強めていくとの見方を示す。

19年からの反政府・反中デモのスローガン「光復香港　時代革命（香港を取り戻せ　革命のときだ）！」は最近、「康復香港　時代抗疫（香港の健康を取り戻せ　感染症と戦うときだ）！」とも叫ばれるようになってきている。

（2020年2月4日）

香港長官は「ワニの涙」か

香港の行政長官が泣いた。官僚から政府トップに上りつめた林鄭月娥が涙ぐむのを見たのはしかし、1度や2度ではない。3度目である。

最初は、主催者発表で100万人規模の反林鄭デモが起きた2019年6月。メディアのインタビューに「私だって、愛する香港のために犠牲を払ってきた」と彼女は声を詰まらせながら答えた。

2度目は19年7月。香港返還記念日の式典で中国国歌を感極まりながら歌った。そして3度目が20年3月23日の記者会見だ。

「医療関係者は懸命に頑張っているのに……少数の人が強制隔離の決まりを破り、市中に出て感染を広げてしまったら……」

マスクのすぐ上の瞳に涙をためて話した林鄭。その写真記事に、民主派寄りの蘋果日報が付けた見出しは「ワニの涙」だった。ワニは獲物を食べるとき、まるで獲物の死を哀れむかのように涙を流すとされる。つまり「偽りの涙」のことだ。

ただ、香港でも新型コロナウイルスの感染者が急増中である。林鄭にのしかかるプレッシャーは相当なものだろう。孤軍奮闘する医療関係者の姿と自分をだぶらせたか。

「だめだめ、涙にだまされちゃいけない！」

目を覚ませとばかりに、香港人の友人が私に言い聞かせるのは、林鄭が涙の裏で「民主派勢力の弾圧を強めている」ということだ。

３月26日には、香港島・中西区の区議会議長を務める民主党議員が、扇動を意図した疑いで逮捕された。デモ鎮圧の際に暴力を働いたとみられる警官の個人情報を、フェイスブックに転載したことなどが問題視された。

政府や警察を激しく批判する民主派勢力は19年11月、区議会選挙で圧勝した。が、20年に入って逮捕された民主派区議は15人に上る。

その中に、知人がいた。九竜半島・深水埗《しんすいほ》区の洗錦豪《しょうきんごう》区議。以前は、売れない俳優だった。

初めて会ったのは区議会選の直前。選挙区で待ち合わせをすると、ジャージー姿で現れた。昼近くなのに、まだ街頭に立っていなかった。「スタッフが寝坊しちゃって……」と頭をかいた。

取材では、「日本の芸能界に興味があるんだ。日本に移住しようかとも考えている」と言い出す始末。そんな彼が〝民主派旋風〟に乗り、わずか10票差で激戦を制した。

区議に当選してから再び選挙区で会った。顔つきが変わっていた。取材中、彼の携帯電話が鳴った。近くの住民からだった。

『消防車が何台も来た。私の団地で火災が起きたかもしれない。確かめてほしい――』

冼は「中座しなければならなくなった」と丁重にわびた。驚いたのは、きびすを返した後の彼の行動である。走ったのだ。しかも、子供が運動会で走るように全速力で。「〝地位が人をつくる〟とはこういうことか」と思ったものだ。

その冼が20年1月1日の反政府デモで逮捕された。「警察にデモを一方的に打ち切られ、その直後、不法集会に参加した容疑で捕まったのです。不当逮捕です！」と保釈後に憤っていた。

3月29日からは、新型コロナの感染拡大を防ぐためとして、公共の場で5人以上集まることが禁止された。今後、デモや抗議活動も許可されない可能性がある。ウイルスに市民たちの耳目《じもく》が集まる中、9月に予定される立法会選挙を前に、政府の締め付けが強まっているのは確かだ。行政長官がワニの涙を流したかは別にして。

（2020年3月31日）

大規模デモ1年で再び高まる反発

香港が再び揺れている。「逃亡犯条例」改正問題を機に100万人規模の反政府デモが起きてから2020年6月9日で1年。節目を前に5月下旬、中国の全国人民代表大会（全人代＝国会）が市民の基本的人権に制限を加える「国家安全法」を香港に導入することを決定したのだ。デモを牽引してきた学生や市民は何を思うのか。デモの激戦地を訪れた。

香港・新界地区の山腹に広がる香港中文大。香港大と並ぶ香港屈指の名門校だ。19年11月13日に取材で訪れたとき、構内にはまだ催涙ガスが漂っていた。

前日、警官隊と学生らが激しく衝突した「二号橋」には、なおも米国国旗が翻り、戦闘で疲労困憊《こんぱい》した若者たちが寝転がっていた。橋の下には幹線道路と鉄道の線路が通っていて、橋を占拠した学生らが障害物を落として交通を麻痺《まひ》させ、政府に圧力をかけていた。

「（19年11月12日の）夕方、構内の寮で休んでいましたが、銃声が聞こえてきて、とても緊張したのを覚えています。銃声は10分以上、続きました。興奮して駆け付けると、負傷者が次々にグラウンドに運ばれていて、まるで戦場のようでした……」

文学部1年の林俊鋒（19）＝仮名＝は今、こう振り返る。警察が連続して撃っていたのは催涙弾だ。午後3時ごろから15分間に３００発発射したとされている。3秒に1発の割合だ。異常な事態だった。

現在、二号橋は〝青空監獄〟の様相を呈している。障害物を橋の上から落とせないように、鉄条網などの壁が両側に築かれていた。

19年、「警察の暴力に反発」し、何度もデモに参加した林は学業に戻りつつある。21年に予定する留学にも備えなければならない。

仲間たちもさまざまだ。デモを続ける友人がいる一方で、「もう意味がない」と活動をやめた友人、逮捕・起訴されて活動を自重している友人もいる。

中文大の後に起きた香港理工大の攻防戦で大量の大学生が逮捕され、抗議活動は大きなダメージを受けた。今、デモ参加者には中高生の姿が目立つ。

林は「（普通選挙などの）５大要求の実現を求めて長期的に戦う意志があるのか、私たち

デモ隊と警官隊が激しく衝突した香港中文大学の二号橋＝ 2019 年 11 月 13 日

半年後に訪れると、鉄条網の壁ができていた＝ 2020 年5月 14 日

大学生の覚悟が問われています」と話すものの、「私は当分、デモに参加しません」という。「留学準備のため？」と聞くと、首を横に振った。「香港では9月に立法会（議会）選挙が行われます。今、デモをしても、政治家たちに利用されてしまうだけだから」と語った。

それが、5月中旬の話である。その後、28日に中国で国家安全法の香港導入が決まり、香港の「一国二制度」は完全に有名無実化した。林に改めて聞くと、「立法会選の前には激しいデモは起きないと思っていたけれど、これで変わる」との答えが返ってきた。デモの隊列に加わるようだ。

国家安全法の香港導入が、デモと距離を置いていた学生らを再び結集させる契機になるかもしれない。

デモ参加者は、林のような「和理非（平和、理性、非暴力）派」と、前線で警官と対峙する「勇武（武闘）派」に大別される。

10代の中学生ながら、前線で戦ってきた勇武派の一人に話を聞くと、この少年は「香港人の最後の戦いです」と言い切った。

蘋果日報も「国家安全法の香港導入は、中国共産党が香港を侵略すると宣言したに等しい。地下で革命軍を組織し香港独立を目指す」という勇武派の話を紹介している。

「無力感というより、絶望感が市民の間で広がっている」

香港の民主活動家で、政治団体「香港衆志」メンバーの周庭（アグネス・チョウ）（23）は、国家安全法の香港導入が決まった後の香港社会の状況について、こう話す。

19年の逃亡犯条例改正案をめぐっては、香港の立法会で審議するプロセスがあったが、国家安全法については中国の全人代常務委員会が制定し、香港側で審議されないまま施行される。香港でデモを行っても、北京に直接、圧力をかけることができない。

「国家安全法が怖いと言っているだけではだめ。反対の声を上げないと」（54歳女性）という市民もいる。だが、新型コロナウイルスの感染拡大の影響で集会は規制されている。そもそも、新型コロナの影響で解雇されるなどデモどころではない市民も多い。

デモを通じて精神的ダメージを受けた学生を何人も診察してきたという40代の精神科医は、こう語る。

「今回の国家安全法の件で私自身、移民を考えるようになりました」

最近、移民斡旋《あっせん》会社への問い合わせが急増している。1997年の中国への返還前も、移民ブームが起きているが、移民できるのは昔も今も経済的に恵まれた一部の人々に限られる。

返還前のように、大多数の香港市民は現実の受け入れを迫られている状況だといえる。「民主派や勇武派のデモ参加者にとっては問題だろうが、一般市民には影響がないのでは。生活に支障をきたすとは思えない」（30歳女性）との声もある。

ただ、19年6月以降の抗議デモを通して、これまで政治に無関心だった人々が「若者たちの抗議活動によって目が覚めた」と語り、デモに積極参加するケースが少なくなかった。この1年のデモが香港市民に変化をもたらしたのであれば、〝泣き寝入り〟を拒否する新たな動きが出てくる可能性はある。

学生や市民が追い込まれているのは事実だ。しかし絶望の先に何が生まれるのか。まだ即断はできない。

（2020年6月5日）

第3章

国安法施行前夜

〈一国二制度の死～香港大規模デモから1年〉

無関心な人々が目覚めた

2019年6月9日午後、香港・ランタオ島の刑務所内で、グラウンドを走り続ける男がいた。汗だくになりながら、1周約300メートルのグラウンドを20周走った。

香港大准教授の戴耀廷(55)だった。14年の香港民主化運動「雨傘運動」に影響を与えた香港民主派きっての理論家である。運動に関連した罪で4月に収監されていた。

このとき、香港島の中心街の大通りは、文字通り人で埋め尽くされていた。香港から中国本土への容疑者引き渡しを可能にする「逃亡犯条例」改正案への反対デモである。香港にはもともと、中国共産党体制下の中国本土から、弾圧を恐れて香港に逃れてきた移民とその家族が多い。それだけに、中国本土に送還されるかもしれない事態に激しく反発した。

この日の参加者は、主催者発表で103万人に上った。駆け付けたくても駆け付けられない戴は、じっとしていられなかったのである。

戴が走り続けていたころ九竜半島の拘置所内では、ある青年がテレビの中継をにらみつけるように見ていた。雨傘運動の若きリーダーだった黄之鋒(23)だ。

梁凱晴（左）

画面にはデモ行進する仲間たちの姿が映し出されていた。自分は黙ってテレビを見ることしかできない。黄は無力感にさいなまれながらも、香港の民主化にとってまたとない好機が到来したことを直感した。

　会計士を目指して受験勉強中の女性会社員、梁凱晴《りょうがいせい》（25）はデモ行進しながら、驚いていた。

「香港人は政治に無関心なはずなのに。こんなに集まるなんて信じられない」

　全ては平和だった。そして、この日が全ての始まりだった。

　香港で100万人規模の反対デモが起

きても、政府トップの林鄭月娥行政長官は「逃亡犯条例」改正案の審議を続けようとした。

3日後の19年6月12日、審議が予定されていた立法会の周囲に若者ら市民が押し寄せた。「民意が無視された」と感じた市民の怒りに、警官隊は催涙弾で応えた。

逃げ惑う市民たちの中に、友人と一緒に参加した梁凱晴もいた。「なぜ、何もしていない私たちを撃つの?」。周りの女性たちは泣き叫んでいた。

林鄭はこの日、立法会周辺で警察と衝突した若者の行動を「暴動」と呼んだ。催涙ガスを生まれて初めて浴びた梁も暴徒となった。

この6月12日がターニングポイントだったと指摘する香港の識者は多い。政府への怒り、警察への怒りを市民に植え付けてしまった。

次の日曜日の16日、香港史上最多の200万人デモ(主催者発表)が起きた。香港の人口は750万人である。梁は会計士の試験どころではなくなった。

7月1日には若者らが立法会に突入し、一部を破壊した。

「平和的なデモが無駄だということを私たちに教えたのは、おまえだ」

そんな言葉が議場の壁に殴り書きされていた。

黄之鋒が出所したのは200万人デモの翌日である。「香港が大規模デモで世界の注目を集めている今こそ、米国の香港人権民主法を成立させるチャンスだ」

香港の一国二制度を守るため米国が中国に圧力をかける同法の成立を、黄は15年以降たびたび訪米して米議員らに働きかけていた。黄は改めて国際戦線の構築に向けて動き出した。

2019年6月16日、香港で行われた大規模デモ。主催者発表で香港史上最多の200万人が参加した

街頭では7月以降、逃亡犯条例改正案の完全撤回など「5大要求」を掲げる若者たちと、警官隊の衝突が激

化していった。

非暴力運動を信条とする戴耀廷は、8月に出所した後、デモが破壊活動などを伴っている状況に衝撃を受ける。しかし「権力者が専制的な態度で対応するから抗議活動も急進化するのだ」と容認した。多くの一般市民も同様だった。

10月1日、繁華街の一角に、10代の中学生、葉継一《ようけいいち》（仮名）が火炎瓶を持って立っていた。火炎瓶を手にするのは初めてだ。本当は、怖くて怖くてたまらなかった。火炎瓶を持つ手が震えていた。

投げれば一線を越えるのは分かっている。捕まれば重罪だ。しかし、政府や警察への怒りが少年を走らせた。

（２０２０年６月６日）

街頭で米国で民主化訴える

２０１９年秋、香港の反政府・反中国共産党デモは激化する一方だった。

前線で警官隊と激しく衝突する〝勇武（武闘）派〟と呼ばれるグループに、韋駄天《いだてん》がいた。突撃も、逃げ足も、誰よりも速かった。

東京五輪を目指す18歳の高校生、李信栄《りしんえい》（仮名）だ。香港の代表チームに入り、１００

メートルを10秒台で走るためトレーニングを積んでいた。リレー競技で憧れのオリンピックに出るという夢と、警察の暴力への抵抗は矛盾することなく李の中で共存していた。

11月18日は、火炎瓶と催涙弾が飛び交う香港理工大学の周辺を駆け回っていた。警察に包囲され、大学構内に立てこもる仲間たちを救出するためだ。

警官隊と対峙《たいじ》しているときだった。左足の甲をスポンジ弾で撃たれた。逃げる際、階段を転がり落ちて腰を激しく打った。捕まるわけにはいかない。東京への道が断たれてしまう――。

一方、大学構内では悲壮感が漂っていた。催涙弾の発射音が近づく中で、デモに参加したまま逃げられなくなった中高生たちが〝遺書〟を書いていた。

10代の中学生、葉継一は、何とかして大学から脱出しなければならなかった。すでに1回逮捕され、保釈中だったからだ。再逮捕されれば自分の身がどうなるのか見当もつかなかった。

仲間4人と構内の下水道に下り立った。汚水の深さは太ももまであった。高さ3メートル、幅1メートルほどの水路を進む。音をたてないように、ゆっくりゆっくり……。真っ暗だ。クモの糸が顔にまとわりつく。とにかく、くさい。

自由になること、それだけを考え、どこに続くのか分からない道を進んだ。

「行かせて、お願いだから行かせてちょうだい！」

元会社員の梁凱晴は、理工大にすぐにでも駆け付けたかった。自分より若い学生たちが構内で苦しんでいる。何より理工大は彼女の母校だった。

しかし、スタッフが必死になって止めた。「あなたが捕まったら選挙はどうなるんですか！」

梁は区議会（地方議会）選挙に出馬していたのだ。投票まで1週間もない。思いとどまるほかなかった。

もともと、11月24日の区議会選ではボランティアとして民主派候補を支援するつもりだった。しかし、民主派が誰も出馬しようとしない選挙区があった。親中派の地盤として知られていた。このままでは無投票当選を許してしまう。

まだ子供のような中高生たちが、完全武装の警官と対峙している前線が思い浮かんだ。「兄弟爬山《はさん》、各自努力」。各人がそれぞれの道で山の頂上を目指していこう――。〝リーダーなき運動〟となった今回のデモで広く共有されたスローガンの一つである。

梁は、これまでの人生とは全く違う道を歩み始めた。

すべては、香港民主派の政治家、黄之鋒の思惑通りだった。

19年6月、拘置所から出所すると、大規模デモのスポークスマン役を欲していた外国メディアは、歯に衣《きぬ》着せぬ発言で中国の習近平体制を批判する自分のことをこぞって取り上げた。

黄が主張したのは「自由主義の砦《とりで》の香港を共産中国から守るには、国際社会の支援が必要だ」の一点に尽きた。ターゲットは米国で香港人権民主法を成立させること。貿易摩擦で米中関係が悪化している今こそ、実現可能とにらんでいた。

黄は9月17日、米議会公聴会で証言する。米側の招待を受けて訪米したのだ。出所からわずか3カ月後のことだった。

「中国は香港との境界に武装警察を集結させている。チベットやウイグルのようになるかもしれない……。香港の一国二制度は一国一制度に近づいているのです」

黄もまた、前線で戦う香港の若者たちを思い、必ず米国で成果を出すのだ——と決意していた。

（2020年6月7日）

◆香港人権民主法

正式名は香港人権・民主主義法。香港の「一国二制度」を中国が守っているかについて、米政府が検証した上で、香港に認めている関税などの優遇措置を存続するか毎年検討する。中国の当局者に制裁を科すことも可能。中国に対し、優遇措置の停止をちらつかせて圧力をかけることを狙った。

「勝利」の陰に若者たちの犠牲

2019年11月18日深夜、香港・九竜地区にある香港理工大付近のビル屋上。東京五輪を目指す高校生アスリート、李信栄は身をかがめながら、恐怖と絶望に打ちひしがれていた。

街中は学生らを捜索する警官でいっぱいだった。自分も見つかるかもしれない。しかしスポンジ弾で足を撃たれ、階段から転落して腰を強く打っていた。もう逃げられないだろう。

李は13歳のときに、母親と一緒に中国広東省の広州市近郊から移住してきた。香港のアパートは本当に狭く、中国の自宅のトイレぐらいの広さしかなかった。

学校では、言葉のアクセントがおかしいとよくからかわれた。それでも陸上競技に打ち込み、ようやく五輪の切符が手の届くところまで来た。しかし……。

仲間に救出されたのは次の日の朝だった。医師によると、やはり重傷だった。足と腰の骨が一部砕けていた。選手生命は絶たれた。落ち込む間もなく、信じられないことが起きる。母親の通報によって、警察に捕まったのだ。

李も、中国を愛する気持ちは母親と同じだ。しかし中国共産党を愛する気にはなれなかった。愛国と愛党は違う。だからデモに参加するのだ。それが母親には分かってもらえなかった。

「これで自分はすべてを失った……」。李は釈放された後、そう思った。

理工大の構内から下水道を通って脱出を試みた葉継一は1時間余りの逃避行の末、大学の外に出ることができた。しかし葉もまた、警察から逃れることはできなかった。マークされていたのだろう、20年に入り別件で逮捕された。

民主派の女性候補として区議会選に出馬した梁凱晴も、悪戦苦闘していた。

立候補を表明した当日の夜、選挙区でチラシを配っていたとき、後ろから何者かに硬いもので頭を殴られ、病院へ運ばれた。大事には至らなかったが、その後もポスターやチラシを破られる妨害工作は続いた。

とにかく、地道に駅前に立つほかなかった。「デモを続けるだけではだめ。区議会からも政府に圧力をかけましょう！」

11月24日の投開票の結果、僅差で親中派候補との一騎打ちを制した。素人候補のまさかの勝利に、内外のメディアに取り上げられた。日本でも、容姿が似ているとして「〝香港の綾瀬はるか〟が区議に！」と評判になった。

しかし、本人に高揚感はなかった。「今回の選挙戦は反政府運動の一環であり、デモで戦っている若者たちの犠牲の上に私の勝利がある。私個人の力では決してない」

民主派は区議会選で8割以上の議席を獲得して圧勝した。その数日後、今度は米国から朗報が届いた。11月27日、トランプ大統領の署名を経て、中国に香港の一国二制度を守らせるよう圧力をかける米国の香港人権民主法が成立したのだ。

米議会公聴会で証言するなど早期成立を訴えてきた黄之鋒は記者会見でこう述べた。

「（デモが本格化した19年の）6月9日からこれまでの間に、さまざまな犠牲を払った香港人に感謝しなければならない。彼らの犠牲が米国を動かしたのだ」

ちょうどそのころ、もう一つの流れが反政府デモから生まれようとしていた。19年6月9日に起きた大規模デモに、元看護師の余《よ》慧明《けいめい》（33）も参加していた。ほとんどのデモに加わったが、以降、「デモの後、みんな普通の生活に戻っていく。この繰り返しでは政府を動かすことはできない」と考えていた。

そこへ、10月1日の銃撃事件が起きる。デモに参加していた高校生が、警官に至近距離から実弾を撃たれて重傷を負ったのだ。

衝撃を受けた余は行動を起こ

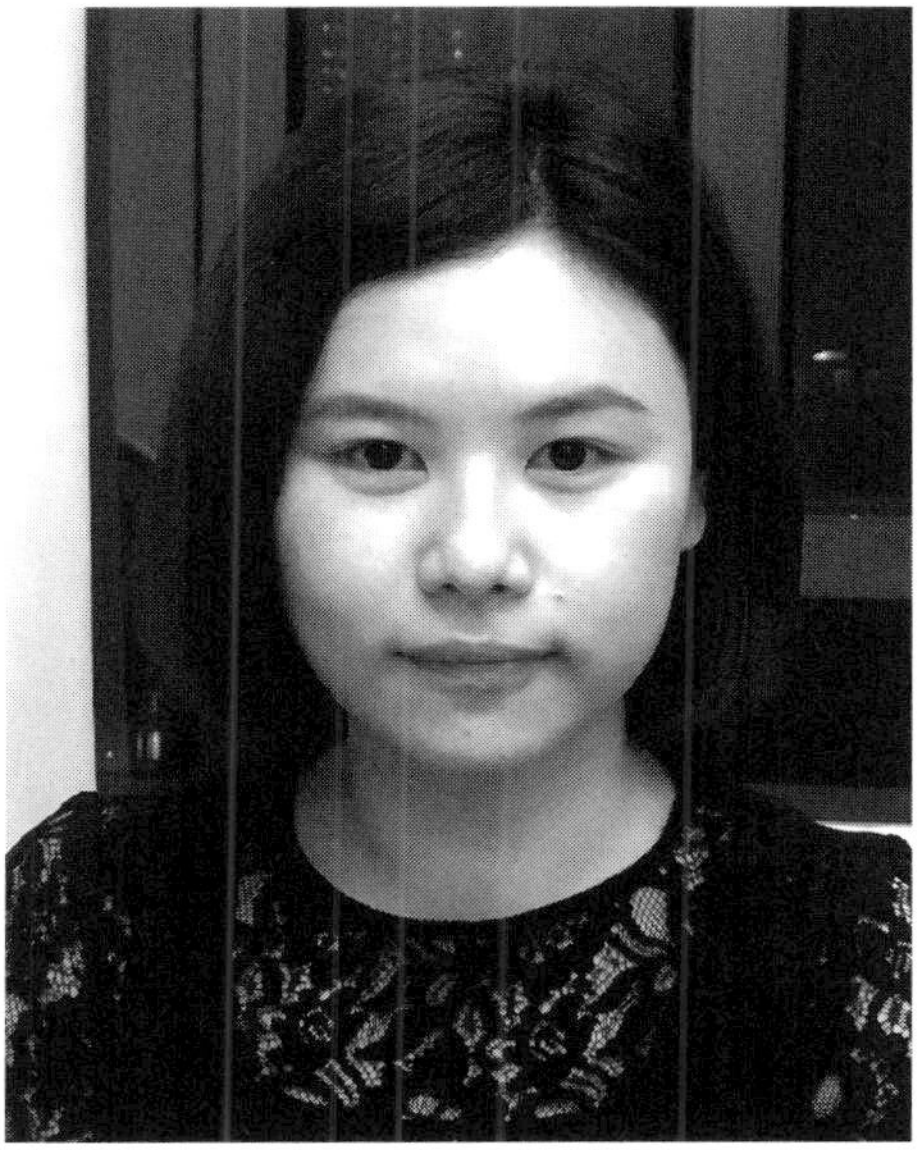

余慧明

す。ネット上で呼びかけられていた、業界別の労働組合を新たに作る動きに応じ、医療関係者が参加する新労組「病院管理局職員戦線」を結成した。

香港の病院管理局で働く彼女が代表に選ばれたのは12月である。

そのとき、あの新型コロナウイルスが香港を襲い、自分の人生を大きく変えることになろうとは、夢にも思っていない。

（2020年6月8日）

「移民せず、あきらめないで」

「中国との境界を全面封鎖せよ！」

香港の医療関係者が参加する新労働組合「病院管理局職員戦線」は2020年1月24日、香港政府に要求した。

中国・武漢で発生した新型コロナウイルスの感染者が香港で初めて確認された次の日のことである。背景には、19年6月から続くデモによって反中ムードが社会に広がっていた事情もある。組合員の大半はデモ参加者だった。

行政長官の林鄭月娥は要求を拒否した。「中国の顔色をうかがい、市民の健康は二の次だ」。反発する組合員の間でストライキを求める声が高まっていった。

戦線代表で元看護師の余慧明は苦悩する。

「病院は今、最も看護師や医師が必要なときだ。ストをしたら大きな混乱を招く。でも、だからこそ政府に圧力をかけられる……」

戦線の組合員は約2万人。医療関係者全体の4分の1を占めていた。戦線は、組合員の投票でスト実施を決定。ストは20年2月3日から5日間続いた。結局、「部分封鎖」しか勝ち取れなかったが、余は「私たちが大規模ストをする力があることを政府に示せた」と考えている。

デモ参加者たちが主導するこうした新興労組は、公務員や鉄道、金融など多くの業種で誕生していた。

ストの動きに関心を寄せていたのが戴耀廷である。

戴は20年9月の立法会選で、民主派が過半数を取れるとみていた。要は、そのあとだ。21年5月、立法会で予算案を否決→行政長官が立法会を解散→21年10月、立法会選で再び民主派が過半数を獲得→21年11月、立法会で再び予算案を否決――。

予算案が2度否決されると、行政長官は辞職しなければならない。戴が想定していたX

デーはこの後である。業を煮やした中国は21年末、国家政権転覆行為などを禁じる「国家安全法」を導入して民主派を大量逮捕し、「一国二制度」を死に追いやる——とみていた。

そのとき、街頭デモや国際社会との連携に加え、大規模ストで対抗するしかないと考えた戴は、新興労組に注目していたのだ。だが、彼の想定より1年半も早く中国が動いた。20年5月28日に、国家安全法の香港導入を決めたのである。

「移民しないで、香港にとどまってください。あきらめないで！」

黄之鋒は20年6月4日、街頭で訴えていた。国家安全法の導入方針が明らかになった5月21日以降、移民斡旋《あっせん》業者への問い合わせが急増している。黄は市民の動揺を抑えるのに懸命だった。

黄自身、同法が施行されると、海外に支援を求める活動が従来のように自由にできなくなる。立法会選への出馬準備も進めているが、当局から立候補を認められない可能性が高い。

その際、代わりに出馬する民主派候補として、黄が推しているのが女性区議の梁凱晴だった。香港では区議と立法会議員の兼職は可能だ。黄が「政治家としては素人だが、

2020 年６月４日夜、繁華街で演説する黄之鋒（手前左）を見つめる市民たち。黄は「移民しないで、香港にとどまろう！」と呼び掛けていた

しっかりした意志をもっている」と梁を評価すれば、梁も「立法会議員は区議よりも、市民の声を政府にしっかりと届けることができる」と意欲的だ。

2月の医療ストを主導した余もまた、立法会選の出馬を目指す一人である。


香港から中国本土への容疑者引き渡しを可能にする「逃亡犯条例」改正案に反対する大規模デモから2020年6月9日で1年。反政府デモは、普通選挙の実現などを求める民主化運動や反中デモに転化しながら続いてきた。

〝リーダーなき運動〟と評されたが、①街頭デモ②議会③国際社会④労組――を

軸にした複合的な運動に発展していった。そこが従来と異なる点で、〝四輪駆動〟ゆえに1年の長期にわたって持続できたといえる。

「中国は運動の成果に危機感を抱いたからこそ、国家安全法の導入に動いた」と戴はみている。

「安全法が施行されれば一国二制度は死を迎える。中国は国際社会の厳しい批判にさらされるだろう」

中国と国際社会に香港の決意を示すため、立法会選で大勝するしかない。中国が大量逮捕に踏み切れば、国際社会はさらに圧力をかけてくれるはずだ。中国はどこまで耐えられるか——。

戴は、民主派が同じ選挙区に乱立しないよう候補者調整を急いでいる。自分もいつ逮捕されるか分からない。

（2020年6月9日）

〈自由が消える～国安法施行前夜〉
失敗を自ら宣言するようなもの

香港の民主派政党、民主党の主席などを務め、〝香港民主主義の父〟と称される李柱銘

（マーティン・リー）（81）が2020年5月22日、産経新聞のインタビューに応じ、香港市民の基本的人権に制限を加える「国家安全法」を香港に導入することは「香港基本法違反だ」と指摘、「鄧小平氏が創出した『一国二制度』の失敗を世界に宣言するに等しい」と述べ、中国当局に撤回を要求した。

李柱銘（マーティン・リー）

香港の一国二制度は、中国の社会主義体制下で、表現や集会の自由を認めた英領時代の資本主義を2047年まで容認するものだ。だが、国家安全法が香港に導入されると、香港でも中国本土同様、国家分裂や政権転覆、組織的なテロ行為、外国勢力による干渉が摘発の対象となる。

国家安全法を香港に導入する

法案は、中国の全国人民代表大会（全人代）で5月28日に可決される予定だが、法律の詳細はその後、全人代常務委員会が制定する。香港の憲法に相当する基本法は18条で、中国本土の法律を香港に適用することは条件付きで認めている。

だが、李は今回の法律は「全人代常務委が香港のために制定する香港の法律」であり、中国本土向けではないと指摘。「香港で施行される法律は、香港の立法機関が制定する」と基本法で明確に規定されており、「全人代常務委が香港の法律を制定するのは、違法であり無効だ」と主張する。

ただ、基本法の解釈権は全人代常務委にある。李側が法廷闘争を試みても、最終的に無効を勝ち取ることは不可能に近い。

中国側が国家安全法を強引に香港に導入しようとする理由については、「（9月6日予定の）香港の立法会（議会）選で民主派が過半数を制するのを恐れているからだ」とみる。2019年11月の香港区議会選のように、民主派が大勝し多数を占めれば、立法会で予算案や重要法案が通らなくなる可能性がある。それでも、全人代常務委が香港の法律を制定する「先例をつくってしまえば、立法会が機能しなくなっても中国当局は対応できる」と李は語る。

また、立法会選に出馬する民主派の候補者や当選者を国家安全法を利用して摘発し、資格停止などに追い込むこともできるという。

同法は、立法会選前の8月中の制定が可能と報じられており、ぎりぎりのタイミングだったといえる。李は「絶望はしていない。間違っているのはわれわれではないからだ。戦い続ける」と強調する。

ただ、昨年の逃亡犯条例改正問題のように香港で制定する法律は抗議デモを通じて香港政府に撤回させることができても、今回の国家安全法は北京が制定する極めて異例のケースで、国際社会に支援を求めるほか手立てがないのが実情だ。

（2020年5月26日）

「一国一制度の香港は死ぬ」

香港政府や中国共産党への批判的な論調で知られる蘋果日報の創業者、黎智英（71）が2020年6月22日、産経新聞のインタビューに応じ、中国が近く香港に制定する国安法について、「一国二制度は一国一制度と化し、香港は死に至る」と語った。「新疆《しんきょう》ウイグル自治区のように強制収容施設が香港に建設される可能性がある」との懸念も示した。

実業家の黎は、香港民主化運動の有力な支援者で、共産党当局はこれまで香港デモの

「黒幕」「民族のくず」「米英の走狗《そうく》」などと非難している。

黎は、国家分裂、政権転覆行為などを禁止する国安法について、「(言論、報道、集会などの自由を保障した) 香港基本法に取って代わるもので、香港の法治主義が失われる」と指摘。外国企業も安心して香港でビジネスができなくなるとして、「世界の自由経済センターとしての機能は続かない」との見通しを示した。

黎は中国広東省出身。裕福な家に生まれたが、共産党政権の迫害を受け、1960年、12歳のときに1人で密航し香港に渡った。

香港に入った後、衣料工場などで働き、株の売買で財を成してアパレル企業を創業。89年の天安門事件の際に中国の民主化運動を支援した。中国政府との関係が悪化すると、95年には蘋果日報を創刊、反中の論陣を張った。

「香港は本来、勤勉で努力をする人には成功の道が開ける公平で自由な社会。私にとっては天国のような場所だった。しかし97年 (の中国への返還) 以降、その価値が失われていった」と黎は話す。

国安法は20年6月末にも、中国の全人代常務委員会で可決・成立する見通しが強まっている。

蘋果日報本社

黎は「中国にとって焦点となる人物は私だ」と指摘し、「私は逮捕、収監されるだろう。（公判では）法治と自由の重要性を訴えていく」と語った。

黎は20年2月と4月にも、違法集会に参加したなどとして香港当局に逮捕、起訴されている。（2020年6月24日）

反中新聞に「白色恐怖」

蘋果日報の本社ビル前に、乗用車が長時間停車するようになったのは（2020年6月26日時点の）10日ほど前からだ。複数の男が乗車し、社に出入りする人間に目を光らせている。

「われわれに対する白色恐怖の一環で

す」

本社ビル内で会った同紙総編集（編集局長）の羅偉光（46）は語った。

白色恐怖とは白色テロのことで、権力者による敵対勢力へのさまざまな〝弾圧〟を意味する。同紙記者だけ香港政府高官の取材の際に排除される▽中国本土の取材ビザが出ない▽マカオへの入境を拒否される――など、挙げればきりがない。

「われわれの新聞には広告が載っていない。広告を出すと、その企業に1本の電話が入るのです」。政府関係者からの圧力だ。

同紙の収入を支えるのがネット版を利用する約61万人（新聞紙の発行部数は約10万部）の購読料である。香港の人口は約750万人。香港紙のネット版の中で最大の購読者数を誇る。

1995年、天安門事件などを通じて中国の民主化運動を支援してきた実業家の黎智英が創刊した。現在、中国資本が浸透した香港紙がほとんどを占める中で唯一、民主派支持の論陣を張っている。

中国の全人代常務委員会で月内にも可決される国安法では、国家分裂や政権転覆行為、海外勢力と結託し国家の安全に危害を加える行為などが禁止される。

「メディアが大きな影響を受けるのは間違いない。報道するに当たって（目に見えない）ラインが引かれるのではないか」

羅が懸念するのは、報道できることと、できないことが区分されるということだ。同法施行後は、反政府・反中記事を書いた記者や編集者が「国家分裂」「政権転覆」の罪に問われかねない。言論の自由、報道の自由の崩壊である。香港や中国政府を批判してきた同紙にとっては正念場だ。

羅偉光

創業者の黎は社員にこうハッパをかけている。「蘋果日報は創刊以来、『自由と民主を支持する』という読者との約束を守ってきた。これからも香港人のため声を上げていこう。萎縮するな。それぞれの良心に従ってやってほしい」

総編集の羅は自らの良心について、「市民の知る権利を守り、同僚記者たちの取材の自由を守ることに尽きる」と断じる。

同法が施行される前から蘋果日報への監視が強まっているが、「これまでも当局からさまざまな圧力を受ける中で報道してきた。国安法が導入されても、われわれのスタンスは変わりませんよ」。羅は危機感を笑顔に包み込んだ。（２０２０年6月27日）

天安門の情報発信は風前のともしび

香港・九竜地区の雑居ビルの10階に「六四記念館」はあった。70平方メートルほどの狭いフロアに、１９８９年6月4日、中国の民主化運動が人民解放軍に武力弾圧された天安門事件の資料や、銃弾を受けたヘルメット、横断幕などが展示されている。

「この場所も閉鎖を命じられるかもしれない」

運営する「香港市民愛国民主運動支援連合会」（支連会）の李卓人主席（63）は、中国による国安法の香港への導入に危機感を示す。

同法では、国家分裂や政権転覆行為、海外勢力と結託して国家の安全に危害を加える行為などが禁止される。中国本土で最大のタブーとされる天安門事件の情報発信は、国家分裂などの罪に問われかねない。

そこで、支連会が「Xデー」に備えて取り組んでいるのが、インターネット上で資料を展示するデジタル・ミュージアム「六四人権記憶博物館」の開設である。

李卓人

「中国では洗脳されて記憶すらも許されない」ことから記憶博物館と命名した。天安門事件の資料などを、国連教育科学文化機関（ユネスコ）の「世界の記憶」（世界記憶遺産）にも登録申請しているという。

天安門事件当時、香港は英国の植民地だった。中国への返還が8年後に迫っていた市民らは、中国の民主化運動を積極的に支援した。

当時32歳だった李もその一人。支援金を届けようと北京の天安門広場に駆け付けたが、事件後、中国当局に一時拘束された。

支連会は事件翌年の90年から、香港で犠牲者を追悼し真相の解明を中国政府に要求する集会を始めた。この〝ろうそく集会〟は、中国への返還後も禁止されることはなかった。香港には「一国二制度」のもと、言論や集会の自由が認められていたからだ。

20年は新型コロナウイルス流行の影響もあって数千人の参加者にとどまったものの、19年は約18万人が集まった。だが、国安法が施行されれば、一国二制度の象徴的な行事だったろうそく集会は風前のともしびとなる。

「これからも一党独裁の終結などを求め続けていく。もし主張を変えてしまえば、89年の中国民主化運動の精神を伝承していけなくなる」と李はいう。

支連会は解散を命じられ、李は逮捕されるかもしれない。

「私たちは六四の後、中国共産党の暴力による圧迫がいかなるものかを伝えようとしてきた。まさに、同じものが香港人の身の上に降りかかろうとしている。今こそ、『六四の毎日が来るぞ！』と警鐘を鳴らさなければならない」

それが自分たちの存在意義だ、と李は語った。（２０２０年６月28日）

独立派に迫る摘発「今は生き抜くのみ」

香港の独立を掲げ、２０１８年に非合法化された「香港民族党」の元代表、陳浩天(29)に初めて会ったのは２０２０年１月中旬だった。

１００万人以上（主催者発表）が参加した元日の反政府デモでは、香港独立の旗やスローガンが急増していた。独立派リーダーの見解を聞こうと考えたのだ。

「今の状況をみると、成功しないとは言い切れないように思う」と陳は話した。香港独立について、である。

19年６月以降、平和的なデモによっても、勇武（武闘）派の過激な行動によっても、区議会選によっても、警察の暴力の徹底調査や普通選挙の導入などを、香港・中国政府に認めさせることはできなかった。

「だからデモ参加者、特に中高校生たちは気づき始めたのだ。香港独立が唯一の道であると――」

陳によれば、香港が独立しないと民主化は実現できない。なぜなら、香港は宗主国が英国から中国に変わっただけで、依然、植民地状態にあるからだ。

「自由、平等、(中国共産党の意向を気にしない)尊厳」を有する国家が理想像である。自分の役目は世界に向けて発信することだ、と語っていた。

そして、5カ月が過ぎた。中国は20年5月下旬、香港市民の基本的人権を制限する国安法を導入することを決めた。近く施行される同法では、国家分裂や政権転覆行為などが禁止される。

国家の分裂を招く「香港独立」の主張は、いの一番に摘発の対象となる。陳はどうするつもりなのか。

「中国がこんなに早く動いてくるとは」「変化が速すぎる」。20年6月中旬に再会した陳は、「早い」と「速い」を連発した。

5カ月前には「やっと自分の考えを理解する人が増えてきた」と喜んでいた陳は今、「政治活動に参加するつもりはない」と語った。他の独立派メンバーとも交流していないという。

「実は、知人に助けてもらって、内装工事の仕事を始めたんだ。最近、忙しくて忙しくて休日もない」

驚いた。確かに、Ｔシャツが少し黒く汚れていた。

香港、そして香港独立派はこれからどうなるのか。

「私たち香港人ができることは全てやった。今は生きて、生きて、生き抜くこと。この変化が収まったら、新しい時代がやって来る。そのとき、新しい香港をつくるために今を生き抜くのだ」

陳はこの日、香港の独立について話をすることなく、仕事に戻っていった。別れ際、独り言のようにつぶやいた。「刑務所に入らなくて済めばいいな……」

国安法をめぐっては、施行前の行為も罪に問われる可能性が取り沙汰されている。

（２０２０年６月29日）

陳浩天

改変された卒業写真

２０２０年6月中旬、香港の教育現場に衝撃が走った。

九竜地区の公立中学（日本の中学・高校に相当）で、女性教師が9月から始まる新年度の契約を打ち切られたことが分かった。理由は、音楽のテストで反政府デモのテーマソング「香港に栄光あれ」を生徒が演奏するのを止めなかった、というものだった。

「周りの教師たちは驚き、恐れおののいている。誰もクビになりたくないから、今後は授業で敏感な話ができなくなる。教育の自由が損なわれてしまう」

別の中学のベテラン教師、林俊仁（46）＝仮名＝は顔を曇らせて自嘲気味にいう。

「このままでは、美術の時間に黄色（反政府デモのシンボルカラー）が使えなくなるかもしれないいな」

当局による学校への締め付けがこれまでになく強まっている。19年から続く反政府デモでは小中学の生徒約１６００人、教職員約１００人が逮捕された。中国側が危機感を募らせているのは間違いない。中国で審議中の国安法案にも、わざわざ「学校の監督・管理強化」が盛り込まれているほどだ。

ある中学校で卒業写真を撮影したときのこと。日本の高校3年に当たる生徒たちが、5本の指と1本の指を掲げて写真に収まった。これは反政府デモのスローガンである「政府への5大要求は一つも欠くことができない」を示すポーズだ。

香港紙によると、これに驚いた学校側が業者に写真の加工を要求。結局、5本の指を4本に減らしたり、1本の指を2本に増やしたりする改変が行われた。

香港政府は最近、生徒が校内で政治的なスローガンを叫ぶ行為などを禁止するよう各校に要求。学校側はピリピリしているのだ。

今後、国安法が施行されると、教師も国家分裂、政権転覆などの罪に問われかねない。

「教師たちの自己規制はさらに進むだろう。生徒には申し訳ないが……」

林は実は反政府デモの支持者で、前線の若者たちをひそかに支援してきた。

「あなたは、生徒から『香港に栄光あれ』を歌いたい、と求められたらどうしますか」と聞いてみた。林はしばらく沈黙した後、「やっぱり、だめだとはいえないな」。顔をゆがめながら声を絞り出した。

香港では20年6月、国歌条例が制定され、学校でも中国の国歌「義勇軍行進曲」を歌う機会が増加する。もともと抗日運動の歌だった中国国歌は「立ち上がれ、奴隷になることを望まぬ人々よ！」で始まる。

「この歌詞の意味を教えることで、国歌を中国への抵抗ソングにできるかもしれない。正面からぶつからずに反抗していこうか……」

国安法を迎える林の心は、なおも揺れている。

（２０２０年6月30日）

香港は死んだ

２０２０年6月30日。目に見えない、中国の戦車部隊が静かに香港に進駐した。「香港国家安全維持法」という恐怖による香港統治の幕開けである。23年前の7月1日に始まった「一国二制度」の香港は、死んだ。

共産主義の中国本土と資本主義の香港の関係を、日本の外交官がこんなふうに表現したことがある。

たらいに水をためて、顔を沈める。耐え切れなくなったら、顔を上げて息を激しく吸う。水面下の息苦しさが中国本土で、一息つけるのが香港である、と。

確かに中国本土から香港に入れば、尾行や盗聴の心配をしなくていい、ネットの規制もない、同じ中国ながら、ほっとできる空間が広がっていた。世界から人が集まり、国際金

産經新聞
7/1(水)
香港は死んだ
香港安
中国、
厳罰化　最高刑は無
「香港国家安全維持法」のポイント
習氏の国賓来日　白紙

2020年7月1日付産経新聞。国安法の施行に際し、著者は「香港は死んだ」と題する1面記事を書いた

融センターとして機能できたのも、このためである。その自由が消えようとしている。

香港が英国から中国に返還される前、中国共産党は香港市民をこうなだめた。

「井戸の水は河の水を犯さず、河の水は井戸の水を犯さず」

返還から50年間、水が交わることはないから安心しなさい――。それが今、国安法という濁流に香港がのみ込まれようとしているのだ。

これまで自由に中国や香港政府を批判し風刺してきた香港の人々は口を閉ざし、仮面をかぶり始めた。政府は「一般市民に影響はない」と繰り返すが、それを信じる人はいない。

中国本土からは、国家安全当局の要員たちが香港にやって来る。習近平国家主席を批判しただけで、人民を逮捕してきたのが彼らだ。しかも国安法は、人権を保障した香港の法律よりも優先される。にらまれたら最後、逃れる手立てがない。

20年6月4日、天安門事件の追悼集会を取材したときのこと。1989年、中国の民主化運動が武力弾圧された天安門事件の集会も、20年が最後になるかもしれない。違法集会にもかかわらず、数千人が集まった。

16歳の女子高生がいた。天安門事件について「戦車に男の人が立ちはだかる写真が印象に残っています」と話した後、こう言ったのだ。「今、香港人がその戦車の前に立とうとしているのだと思います。私はちょっと怖いけど……」

怖くない人はいない。相手は見えない戦車だけに、どこから弾が飛んでくるか分からない。それでも、戦車に立ちはだかろうとする香港人たちは必ずいる。面従腹背の市民たちも、いつか仮面を脱ぎ捨てるときが来る。息の長い戦いになるだろう。国際社会もまた覚悟を迫られている。

夜明け前が最も暗い――。最近、自らにこう言い聞かせる香港人が多い。

２０２０年６月30日、香港は暗黒時代に入った。

（２０２０年７月１日）

第4章

奪われる言論・集会の自由

「香港が香港でなくなった」

香港で2020年7月1日、前日に施行された「香港国家安全維持法」への抗議活動が相次ぎ、市民の基本的人権に制限を加える同法への恐怖や不満の声が各地で上がった。

「今日は2047年7月1日だ。おはよう！」

この日朝、香港市民の間では、こうした挨拶が会員制交流サイト（SNS）で交わされた。2047年7月1日とは、返還後50年保障された香港の「一国二制度」が幕を閉じる次の日。しかし国安法が前日の6月30日に施行されたことで、一国二制度終焉《しゅうえん》後の朝を早くも迎えてしまった――という意味合いがメッセージには込められている。

この日、繁華街のコーズウェイベイ（銅鑼湾）に集まった市民らはこれまでのように、「光復香港　時代革命（香港を取り戻せ　私たちの時代の革命だ）！」「5大要求は一つも欠かせない！」といった反政府デモのスローガンを叫んでいた。

「悪法に反対！」とのチラシを掲げた男子高校生（18）は、国安法について「抗議の声を上げるのは怖い。でも、スローガンを叫んだだけで逮捕されるなんて、言論の自由がなくなったも同然。香港が香港ではなくなってしまった」と話した。

香港メディアによると、香港警察は同法の施行を受けて、「香港独立」「香港人建国」の

国安法の施行が迫る中、香港の繁華街で「香港独立」や「中国共産党の滅亡」を求める市民たち。同法施行後は取り締まり対象だ＝2020年5月24日

旗や幕を持っていたり、これらのスローガンを叫んだりした場合は、同法違反の容疑で逮捕する方針をとっている。「5大要求」は容認するが、「光復香港　時代革命」は取り締まり対象という。

また、同法は、デモ参加者が行ってきた信号機など交通施設の破壊行為について、最高刑が終身刑のテロ行為と明記。一定の条件下で警察による盗聴や、公判の非公開審理も認めている。

一方、民主派の立法会（議会）議員団は7月1日、記者会見し、「国安法は（民主派が反対してきた）逃亡犯条例改正、国家安全条例、国民教育の全てを一つにまとめたような、とんでもない法律だ」と

劉兆佳

抗議の声を上げた。

中国が同法の制定を急いだのは、民主派勢力が9月の立法会選で過半数を獲得する事態を阻止するためだったとの見方が強い。

民主派の間では、当局が同法を使って立候補者などを大量逮捕し、民主派の勝利を力ずくで阻止するのでは――との懸念がある。

これに対し、親中派勢力の重鎮で、中国政府が主管する「全国香港マカオ研究会」の劉兆佳《りゅうちょうか》副会長は1日、産経新聞の取材に「国安法の目的はあくまでも脅すこと。最高刑を終身刑に引き上げたのも抑止効果を狙ったものであり、大量逮捕には踏み切らないだろう」とみる。

実際、既に民主派や独立派の団体が解散を表明するなど影響が出ている。

また、同法では、施行前の行為を罪に問わない「法の不遡及《ふそきゅう》」が明示されたが、劉は「公判になれば、過去の言動を証拠として採用することはできる」と指摘した。

（２０２０年7月2日）

「自由に投票できる最後かもしれない」

２０２０年7月11、12日に行われた香港民主派の予備選。当局が国安法違反の疑いがあると警告する中、61万人の有権者が投票所に足を運んだ。有権者全体では13％程度。親中派は「過大評価すべきでない」と主張する。しかし国安法への抗議デモに61万人が参加したと考えれば、無視できない規模といえる。市民は何を訴えようとしたのか。

予備選の投票は民主派の議員事務所のほか、民主派を支持する飲食店など約２５０カ所で行われた。投票所で市民に話を聞くと、共通していたのは危機感だ。

「去年（２０１９年）から弾圧が続き、次々に自由が失われている。そのうち、怖がることさえもできなくなるのではないか。今回が自由に投票できる最後になるかもしれない」

ショッピングモールで白紙を掲げ、国安法に無言の抗議を行う女性たち＝2020年7月6日

と語ったのは新界地区の20歳の男子大学生だ。

「崖っぷちに立たされ、必死にもがいている感じ。国安法はごく一部の人が対象になるだけだと政府は説明するが、信じられるものか」と、九竜地区の30代男性の建築業者も話した。

ただ、市民ができることは限られている。

「（香港の憲法である）基本法には、言論、集会、デモの自由があると明記されている。私は基本法で認められた権利を行使するために投票に来た。香港の自由を守るために、やれることをやりたい」とは香港島の49歳の女性会社員。

「できることをするしかない。国際社会の支持を得るためにも、まず私たち香港人が声を上げないといけない」と新界地区の35歳の男性教師も語った。

「どうしても投票したいという（80代の）母親を連れてきた。国安法が怖くても、公民としての責任は果たさないといけない」と、母親と一緒に投票した九竜地区の57歳の男性もいた。

こうした中、香港政府が市民の投票の権利までも、国安法で規制しようとしたことに対する怒りも少なくなかった。

「もし投票することが罪になるなら、今ここで整然と並んでいる全員を、そして香港で投票した数十万人全員を逮捕すればいい」。新界地区の39歳の女性は憤っていた。

「香港は香港人のものであり中国共産党のものではない。それを投票を通じて中国に伝えたい」と新界地区の63歳の男性は語った。


（2020年7月14日）

「愛国者の香港統治」へ強権

香港政府は、民主派勢力12人の立法会選への立候補を禁止した上で2020年7月31日、選挙の延期を正式発表した。立候補禁止と延期は、矛盾した措置のようにみえる。しかしいずれも、立法会を〝翼賛議会〟とするための布石で、中国の習近平政権が目指す「愛国者治港」（愛国者による香港統治）に向けた強権発動だ。

「選挙を安全に行うには懸念がある。市民を守るために……」

同日の記者会見で立法会選の延期を発表した林鄭月娥行政長官は、「市民のために」を強調した。しかし民主派は、「中国のために」選挙の延期はもちろん、民主派候補の立候補禁止が決まったとみている。

今回、選挙管理当局が立候補資格を認めなかった人数は、前回16年の立法会選の6人から倍増した。その理由もさまざまだ。国安法への反対だけでなく、「外国に中国・香港問題への関与を求めた」「立法会で議員の権力を行使し、政府に要求の受け入れを迫ろうとしている」なども禁止理由とされた。

民主活動家の黄之鋒ら抗争派と呼ばれる民主派内の急進グループはもちろん、穏健派であっても中国・香港政府に非協力的な候補者は排除した形だ。

親中派勢力の重鎮で全国香港マカオ研究会副会長の劉兆佳は香港紙に対し、「米国の脅威に直面する中国当局は『半忠誠』ではなく、反対派（民主派）の中でも絶対に忠誠を誓う人物しか立候補を認めない」と指摘、「愛国者治港」を加速するとの見方を示した。

立候補の受け付けは21年、改めて行われる。このため大量排除は無意味だったようにみえる。しかし今回、選管が立候補資格の〝基準〟を明示したことで、21年の立法会選に出馬するには、反中・反香港の言動はおろか、中国・香港への非協力的な言動さえも自粛しなければならなくなる。

民主派の間では、「治安当局は21年の選挙までに急進派を根こそぎ逮捕するつもりでは」（区議）との懸念も広がっている。

民主活動家の周庭は民主派の立候補禁止を受けて、「立法会が中国の全人代に変わるのは簡単なことだ」とコメントした。全人代は議案を承認するだけの〝ゴム印〟と揶揄《やゆ》されているが、中国側の狙いも立法会の全人代化にあるとみている。

中国政府は同日、臨時病院の建設や検査態勢の強化のために香港を支援すると改めて発表した。新型コロナの医療支援を通じて対中感情を改善しようとの思惑がにじむ。

民主派陣営からは抵抗手段として、「21年の立法会選では有権者に白票の投票を呼び掛けるしかない」との声も上がり始めた。

（２０２０年８月１日）

「反中紙」掲げ無言の抗議

中国共産党や香港政府への厳しい論調で知られる香港紙「蘋果日報」（リンゴ日報）が、国安法に大きく揺さぶられている。同法違反容疑で創業者、黎智英が逮捕され、本社ビルも家宅捜索を受けた。香港で保障されてきた「報道の自由」が危機にひんしている。

2020年8月12日未明に保釈された黎はこの日昼ごろ、本社ビルに姿を見せた。拍手で迎える社員たちに、「私たちには香港市民の支持がある。彼らを失望させてはならない。みんな、頑張ろう」と呼び掛けた。

このビルに警察の家宅捜索が入ったのは黎が逮捕された直後の10日午前。8時間にわたり、編集局を含め強制捜査が行われた。「一国二制度」の下、言論・報道の自由を謳歌《おうか》してきた香港で、報道機関への大規模な家宅捜索は初めて。メディア業界は「驚きと恐怖」（香港記者協会の楊健興主席）に包まれた。

そもそも、中国の習近平政権が国安法を香港に制定した狙いは、反中国共産党・反香港政府の活動を摘発することにある。国安法のターゲットは、抗議デモを経済的に支援してきた黎ら民主派の主要人物だけではない。香港の主要紙で唯一、反中の論陣を張る蘋果日報にも照準を合わせている。

実業家の黎が１９９５年に創刊した同紙は、中国への返還以降、中国資本の浸透が進む香港の主要紙にあって、中国を自由に批判できる最後の砦《とりで》なのだ。

国安法に対しても、「他紙も記者レベルでは反対しているが、新聞社として明確に異を唱えているのは蘋果日報だけ」（同紙の羅偉光・総編集＝編集局長）という。

国安法31条には、会社、団体などが同法で刑事罰を受けると、運営の一時停止を命じられるか、営業許可が取り消される――と規定されている。蘋果日報の場合、廃刊を意味する。

警察は家宅捜索で、同紙の資金面も調べており、国安法が禁じる「外国勢力との結託」を念頭に捜査を進めている可能性がある。

ただ、家宅捜索後の香港市民の反応は、中国・香港当局にとって予想外だったに違いない。黎が「蘋果日報は創刊以来、『自由と民主を支持する』という読者との約束を守ってきた」と胸を張る通り、市民たちは同紙を買い求めるために行列を作り、グループ会社の株を買った。繁華街では、「弾圧を恐れない！」の文字が躍る同紙を無言で掲げるデモも起きている。

蘋果日報は６月末の国安法施行後、風前のともしびになろうとしている香港の自由を守るシンボルとなった。このリンゴが落ちれば、国安法の矛先は、香港駐在の外国メディアに向かう。座視できない。（２０２０年8月13日）

香港の自由へ新聞発行継続

蘋果日報の羅偉光・総編集が２０２０年8月13日、産経新聞のインタビューに応じ、10日に行われた香港警察の家宅捜索を振り返った上で「メディアへの弾圧だ」と非難、「香港の自由を守るために発行を続けていく」との決意を示した。

羅は10日早朝、創業者、黎智英が逮捕されたとの一報を聞き、急ぎ出社。午前10時ごろから家宅捜索に入った警察側との対応に追われた。

「一気に２００人以上の捜査員らが押しかけ、政府の権力の大きさを感じた。新聞の発行業務に、大きな影響が出る可能性があった」

羅はまず、警察に家宅捜索の令状の提示を要求した。編集局内を捜索する権限が認められているかを確認するためだったが、無視された。「顧問弁護士が到着するまで待ってくれ」という羅の要求も聞き入れられず、怒号が飛び交う中で家宅捜索が進められた。

羅は記者にネットを通じた動画の中継を指示し、「自分の持ち場に戻り、とにかく新聞を発行しよう」と社員らに呼び掛けた。

全ての警察関係者が引き揚げたのは午後6時すぎ。ボックス25個分の資料などを押収していった。

そのころ、編集局では翌11日付朝刊の発行部数をどうするか決断を迫られていた。通常一日10万部以下だが、すでに35万部の発行を思い切って決めていた。

羅によると、蘋果日報を支持する市民の声は夜になっても、会員制交流サイト（SNS）を通じてどんどん広がっていたという。

「明日、私は10部買う」「僕は100部買う」「俺は白紙でも買う」……。結局、同紙は55万部の発行を決定。「翌日、ほぼ売り切った。55万という数字は蘋果史上、最高記録となった」と羅は振り返る。

同紙側は8月13日、警察の押収物の中に取材資料も含まれているとして、押収資料の一部返還請求を行った。国安法で刑事罰を受けた会社や団体は、運営停止などの処分を受ける。国安法違反容疑で捜査を受ける蘋果日報の場合、廃刊に追い込まれる可能性がある。

編集部門だけで約700人の社員を抱えるが、羅は「まだそういう段階ではない。できる限り運営していくだけだ」と語った。

国安法の施行から1カ月半。香港社会に自主規制の波が広がる中、羅は中国や香港政府に対する報道で「迷ったことは一度もない」と強調。1995年の創刊以来、掲げている「自由と民主主義を支持する」との編集方針を変えるつもりはない、と断言した。

（2020年8月14日）

「自由こそ命」香港老闘士の覚悟

香港の立志伝中の人物、黎智英（ジミー・ライ）（71）に2020年6月下旬、インタビューをした。反中報道で知られる香港紙「蘋果日報」の創業者である。8月10日には、香港国家安全維持法違反の疑いで逮捕、その後、保釈されている。

指定されたインタビュー場所は同紙本社の2階、編集局にある彼の執務室だった。ここも逮捕当日、警察の家宅捜索を受けている。第一印象は気さくな好々爺《こうこうや》。生き馬の目を抜く厳しい香港のビジネス界で成功を収めた人物とは思えない。威圧感などみじんもなかった。気負いもなく、かといって情熱も感じさせない。

この点、香港民主党の初代主席を務め、〝香港民主主義の父〟と称される李柱銘（82）とは異なった。以前、取材をした李はインタビュー中、悲嘆にくれることもあれば、眼鏡の奥の瞳に怒りが宿るときもあった。

黎はいわば、恬淡《てんたん》としていた。

中国広東省広州生まれ。父は海運業で財を成し、妻が４人、子供が15人ほどいたという。彼が末っ子であることは間違いないらしい。裕福な暮らしも共産中国の建国以降、暗転する。資産家は目の敵にされ、一家は離散、苦しい子供時代を過ごした。小学校さえ卒業していない。

豊かだった香港への渡航を決めたのは12歳の時。意外にも母親は許してくれた。そして、何かの時のために取っておいたのだろう、指先ほどの金塊をくれた。

黎少年はしかし、波止場で係官が所持品の検査を厳しく行っているのを見るや、パンツに隠し持っていた金塊を、母親がくれたその餞別《せんべつ》を、地面に捨てて踏みつけた。純金は柔らかい。靴底のぐにゃりとした感触が残っているという。

その原体験が人生の指針となった。

「お金のために危険を冒してはならない。自由はお金では買えない。自由に勝るものはないのです」

１９９０年ごろ、メディアの取材に「私にとって一番重要なのは自由であり、命だ。金もうけには失敗してもいいが、命を危険にさらすことだけはできない」とも語っている。

香港に渡ってから、衣料工場で働き、アパレル企業を創業。89年の天安門事件の際には、民主活動家のウアルカイシや柴玲《さいれい》の似顔絵入りのTシャツを発売して大もうけした。中国の民主化運動の支援も続け、95年に蘋果日報を創刊、反中の論陣を張った。

「裸一貫でやってきた者は恐怖に強い。恐れるものなど何もない」

こう答える黎の念頭には、インタビュー当時、目前に迫っていた国家安全法制の香港導入があった。そして、「私は最後まで香港に残る」と言った。

これは、李も同様だった。「私やジミー・ライが香港を離れて、残りの人生を楽しんでもいいのにそうしないのはなぜか。中国が香港に約束した〝高度な自治〟を何とか実現させたい。その一心からだ」

黎自身は、自らが香港に残る理由をこう語った。

「私は香港にもうけさせてもらった人間。果たすべき責任がある。香港から逃げたら申し訳が立たない」

その責任とは何か。

「香港の法治と自由を取り戻したい。これまで何十年も民主化運動にかかわってきた。もはや私の命は自分だけのものではない」

大切にしていた自由が失われようとしている今、黎は静かに、人生最後の闘争に挑もうとしている。

（２０２０年８月25日）

香港から密航 台湾目指した民主派

香港の民主活動家ら12人が台湾に密航しようとして失敗、中国当局に拘束された事件は民主派や支援者に衝撃を与えた。

香港はかつて、天安門事件直後、ウアルカイシら中国の民主活動家が命がけで中国本土から密航してきた自由の地だった。今や、その香港から民主活動家らが密航して逃げ出さないといけない時代になったことを今回の事件は象徴している。

香港南東部、布袋澳《ほていおう》村は鉄道とバスを乗り継いだ先にあった。この小さな漁村が12人の出港地点だった。

中国政府に近い香港紙、文匯報《ぶんわいほう》と大公報によると、２０２０年８月23日午前６時すぎ、何台もの車両が同村に乗り入れ、約30人が降り立った。十数個の燃料タンクを船着き場まで運び、長さ９・３メートル、幅２・３メートルの大型モーターボートに積んで、12人が乗り込んだ。

船外機2基搭載の同ボートの時速は最高50キロで、まずは約300キロ離れた東沙《とうさ》諸島を目指したとされる。台湾が実効支配する同諸島付近で台湾の船に乗り換え、台湾南部に向かう計画だったとみられている。

しかしモーターボートは同9時ごろ、中国領海付近の海域で中国海警局の船に見つかり、12人は不法越境の疑いで拘束された。

国安法が施行された6月30日前後から、民主活動家らの海外逃亡を水際で阻止するため、中国と香港当局が海上での警戒態勢を強化していたようだ。布袋澳村の住民で観光用モーターボートを操縦している男性も「最近、香港の水上警察の警備が厳しくなっていた」と明かす。

実は、7月にも少なくとも2回、民主活動家らが船に乗って香港から台湾への密航を試みている。報道などによると、1回目の密航船は5人ほどを乗せ、台湾南部の高雄までたどり着いた。しかし2回目は途中で燃料が切れて漂流。東沙諸島付近で台湾当局の船に捕まり、乗っていた5人は高雄まで移送された。支援者の一人は産経新聞に対し「本当に危ない状況だった」と話す。

郵便はがき

100-8077

63円切手を
お貼りください

東京都千代田区大手町1-7-2

産経新聞出版　行

お名前《フリガナ》	
性別　男・女	年齢　10代　20代　30代　40代　50代　60代　70代　80代以上
ご住所 〒　　　　（TEL.　　　　）	
ご職業　1.会社員・公務員・団体職員　2.会社役員　3.アルバイト・パート　4.農工商自営業　5.自由業　6.主婦　7.学生　8.無職　9.その他（　　　　）	
・定期購読新聞 ・よく読む雑誌	
読みたい本の著者やテーマがありましたら、お書きください	

書名　**香港人は本当に敗れたのか**

このたびは産経新聞出版の出版物をお買い求めいただき、ありがとうございました。今後の参考にするために以下の質問にお答えいただければ幸いです。抽選で図書券をさしあげます。

●本書を何でお知りになりましたか？

□紹介記事や書評を読んで・・・新聞・雑誌・インターネット・テレビ

媒体名（　　　　　　　　　　　　　　　　）

□宣伝を見て・・・新聞・雑誌・弊社出版案内・その他（　　　　　）

媒体名（　　　　　　　　　　　　　　　　）

□知人からのすすめで　□店頭で見て

□インターネットなどの書籍検索を通じて

●お買い求めの動機をおきかせください

□著者のファンだから　□作品のジャンルに興味がある

□装丁がよかった　□タイトルがよかった

その他（　　　　　　　　　　　　　　　　）

●購入書店名

●ご意見・ご感想がありましたらお聞かせください

（ご回答いただいたご意見・ご感想は広告等で使用させていただく場合があります。）

天安門事件後、香港を拠点に展開された、民主活動家らの中国脱出作戦は「イエローバード作戦」と呼ばれた。作戦に関わった香港の民主派メンバーは「（当局から追われる人々が）中国大陸から香港へ逃れてくるのが大変な時代だったが、今は香港から海外へ脱出するのが非常に難しい」と指摘し、現代のイエローバード作戦はまだ機能していないとの見方を示す。

文匯報などによると、中国当局に拘束された12人（女性１人）は16～33歳で、このうち５人が学生。国安法違反（外国勢力との結託）の疑いで逮捕された民主活動家の李宇軒や、19年の反政府デモで爆弾の製造に関与した男女、暴動罪などで起訴された若者らが含まれている。国安法の最高刑は終身刑で暴動罪は禁錮10年だ。警察当局による民主派勢力への締め付けが強まる中、保釈が認められても、いつ再拘束されるか分からない。

文匯報は「10人以上で密航を企てるのは非常に珍しい。ハイリスクを冒さなければならないほど、切羽詰まっていたためだ」との見方を示している。

密航には犯罪組織が関与するケースが多い。香港メディアによると、警戒が厳しくなった最近、香港から台湾までの密航のアレンジ料が急騰し、１人50万香港ドル（約６８０万円）以上という。12人が支払っていたのかは分かっていない。

12人は中国広東省深圳《しんせん》の拘置施設に収容され、取り調べを受けている。不法越境罪の最高刑は1年未満の懲役刑。国安法違反の疑いで逮捕された李の場合、中国側で捜査が継続される可能性も取り沙汰されている。

（2020年9月3日）

消えた反中スローガン

中国が制定した国安法が2020年6月30日に施行されて3カ月が過ぎる中、中国の国慶節（建国記念日）に当たる10月1日、香港で中国への抗議活動があった。新型コロナウイルス対策を理由にデモの許可が下りず、国安法によって言論の自由を制限された市民らは繁華街で無言の抗議を行った。香港メディアによると、少なくとも86人が不許可の集会に参加した容疑などで逮捕された。

10月1日午後、香港島の繁華街、コーズウェイベイ（銅鑼湾）には、黒い服を着た若者ら市民が目立った。中国本土では共産中国の建国記念日を祝う日でも、自由が失われつつある香港ではその逆だ。中国への抗議の意味が込められている。

著名な民主活動家の黄之鋒も黒いシャツを着て街頭に立ち、「今日は（香港にとって）喜ばしい日ではない。香港への弾圧は続いている」と述べ、台湾に密航しようとして中国に逮捕された香港の民主活動家ら12人の釈放を要求した。

ただ、予定された「デモ行進」の開始時間になっても繁華街に大きな変化は起きなかった。国安法の施行下、市民らは無言で通りを歩くほかなかったからだ。防疫上の理由で5人以上が集まることも禁止されているので、バラバラで歩くしかない。反中報道で知られる蘋果日報を手にした男性もいた。

休日にもかかわらず、通りを行き交う買い物客や親子連れ、恋人たちの多くに笑顔はない。武器を携行した警察の部隊が街中に展開し、荷物検査や職務質問などを実施していた。

香港では19年10月1日、中国への大規模デモが行われ、数十万人が参加。中国への抗議風景はこの1年ですっかり様変わりした。19年の国慶節は中国をナチスと同一視して非難するプラカードや、「独裁支配の終結」を求める横断幕が掲げられていた。

道路沿いの建物や停留所の壁には、中国共産党の滅亡を求める落書きがあり、「中国の滅亡と習近平の死を願う」と書かれたビラがまかれた。遺影仕立ての習の写真が路上に張られ、行進する市民らが踏みつけていた。市民らが歌っていたのは、反政府デモのテーマソング「香港に栄光あれ」だった。

こうした行為のいずれも、今では国安法の取り締まり対象だ。20年の国慶節で香港の通

りから消えたのは笑顔だけではない。反中スローガンも消え失《う》せた。（２０２０年10月２日）

実刑で国際社会と遮断

香港の著名な民主活動家、黄之鋒と周庭に２０２０年12月２日、禁錮刑が言い渡された。執行猶予が付かない実刑判決は、２人と国際社会の結びつきを断ちたい中国・香港政府の思惑通りとなった。今後、国安法違反でも起訴されれば、収監が長期化する可能性が高く、香港の民主化運動にとって大きな打撃となる。

黄と周が当初否認していた起訴内容を最終的に認めたのは、情状酌量を訴えるための苦渋の決断だった。黄は11月23日の公判前、「政府への抗争継続と法廷闘争の両立は難しい」などと支持者に明かしており、抗争の早期再開のため刑の減軽を狙ったようだ。

それでも、実刑判決を免れることはできなかった。

２０１９年６月に本格化した反政府デモではこれまでに１万人以上が逮捕され、違法集結や暴動罪などで２千人以上が起訴されている。

連日のように一連の公判が行われる中、中国系香港紙が最近、情状を酌量した〝温情判決〟を厳しく批判し、その裁判官を個人攻撃するキャンペーンを展開している。裁判官さ

香港の裁判所前で黄之鋒（左）と記者会見する周庭＝2020年8月5日

えも中国側の圧力にさらされているのが香港の現状だ。

黄らの事件を担当した王詩麗裁判官も、反政府デモ関連の事件の公判で、比較的厳しい判決を出す女性判事として知られる。

黄らの弁護側が11月23日の公判で、量刑に関し、一定期間の奉仕活動を命じる社会服務令が妥当と主張すると、王は「考慮に値しない」と一蹴した。周はこの時の心境を「すごく悔しく、やりきれない思いになった」と、面会に来た知人を通じて明かしている。

周は、8月に国安法違反の疑いでも逮捕されており、起訴されれば収監が長期化するとの見方が強い。黄も今後、同法違反で逮捕・起訴されかねない。

中国・香港当局は、米欧に対する黄の、日本に対する周の情報発信力と影響力を警戒している。2人の収監の長期化は、当局にとって好都合といえる。

日本語が堪能で日本文化を愛する周は、国安法違反の疑いで逮捕される前、産経新聞の取材にこう語った。

「人生でもう一度、日本に行きたい。それが今の私の夢です」

新型コロナウイルスの影響ではなく、政治的理由によって、そんなささやかな夢さえも実現が難しくなっているのが、今の香港だ。

（2020年12月3日）

香港紙創業者「私の裁判で現状分かる」

香港の民主化運動を支えてきた黎智英（ジミー・ライ）が詐欺罪で起訴され、2020年12月3日、収監された。黎は産経新聞の取材に「私は必ず起訴される。それは政治的な理由によるものだ」と述べるとともに、香港の司法の独立にも危機感を募らせていた。

国安法違反の容疑で逮捕・保釈された後の10月、産経新聞の2度目のインタビューに応じた黎は、6月末に国安法が施行された香港について「以前は世界で最も自由な都市だったのに、今では〝警察都市〟になってしまった」と指摘。「（中国・香港当局は）必ず私を起訴し監獄に送るだろう。あとはどういう名目で起訴するかだけだ」と語っていた。

また、林鄭月娥行政長官が「香港にあるのは三権分立ではなく、行政主導の三権体制だ」と強調していることに触れ、「それで果たして司法の独立が認められるのか」と疑問を呈した。

その上で、「起訴後の私の裁判を通じて、香港における司法の独立の現状が示されるだろう」と述べ、自らの裁判が「香港から外国企業が逃げ出すか否かの指標になる」と予測。国安法の下、香港の民主化運動が抑え込まれていることについては、「香港から発信されるニュースや情報によって、世界の人々は中国について知り、中国への警戒心を強めている。香港の役割はそこにある」との見方を示していた。

（２０２０年12月４日）

香港司法は「北京に降伏」

中国に批判的な蘋果日報の創業者で、国安法違反の罪などで起訴された黎智英の保釈をめぐり、香港終審法院が下した異例の判断が波紋を広げている。国安法案件の保釈は「通常よりハードルが高い」と認定したことで、同案件での被告の保釈が一層困難になった。「香港の裁判所は国安法を司法審査できない」と国安法の不可侵性も事実上認め、「最高裁は（中国当局に）降伏した」（香港大法学部講師）と失望の声が上がっている。

黎が罪に問われているのは、国安法の「海外勢力と結託し国家の安全に危害を加える罪」など。

２０２０年12月に収監された黎の保釈申請に対し、高等法院（高裁）は同23日、保釈金1千万香港ドル（約1億３６００万円）を担保に、（1）外国政府関係者と接触しない（2）ツイッターなどソーシャルメディアに投稿しない（3）自宅にとどまり、警察に週３回出頭する――などの条件付きで保釈を認めた。

国安法は42条で「（被告が）引き続き国家の安全を害する行為を実施することはないと信じるに足る十分な理由がなければ、裁判官は保釈を認めてはならない」と規定している。高裁は、厳しい保釈条件を付けたことで、被告が再犯しないと信じるに足る――と判断したといえる。

保釈とは、「刑事裁判で有罪が確定するまでは無罪として扱わなければならない」とする推定無罪の原則に基づく制度。かつて英領だった香港では保釈が認められやすい。

高裁の決定に驚いたのが中国・香港当局だ。中国共産党は黎を香港における反中勢力の黒幕とみなしている。党機関紙、人民日報が激しく反発する中、香港当局は最高裁に上訴。最高裁長官を含む５人の判事は21年２月９日、当局の主張を認め、国安法案件では「通常の保釈の原則」は適用されないなどとして、高裁決定を取り消した。

５人は、林鄭月娥に任命された国安法案件担当の裁判官たちでもある。焦点の国安法42条については「高裁が解釈を誤った」と認定し、（１）まず、被告が再び国家の安全を害する行為をしない十分な理由があるかを判断する（２）十分な理由があると判断したときに初めて保釈条件などが検討されなければならない――として、保釈のハードルを上げた。ただ、香港の憲法と位置付けられる香港基本法には推定無罪の原則が盛り込まれている。矛盾しないのか。

最高裁は今回、国安法に対する司法審査についても重要な判断を下している。「国安法は（中国の）全人代と同常務委員会が立法化したものであり、香港の裁判所に国安法の条文の違憲性を審査する権力はない」と初めて認定したのだ。

国安法の解釈権は全人代常務委にあると同法に規定されており、「国安法の司法審査は実質的に不可能」（香港の法律専門家）とみられてきたとはいえ、最高裁が認めた意味は大きい。国安法の司法審査の道は名実ともに断たれた形だ。

蘋果日報は2月19日付の社説で、最高裁は国安法の「特殊な地位」を認め、「基本法によって国安法を解釈する終審権を放棄した」と指摘し、これで「司法の独立があるといえるのか」と厳しく批判した。

黎は収監前、産経新聞のインタビューで「私の裁判を通じて、香港における司法の独立の現状が示されるだろう」と述べていたが、その通りの展開となっている。

（２０２１年2月23日）

「香港は巨大な監獄」

香港当局は２０２１年2月28日、国安法違反（国家政権転覆罪）で民主活動家たちの大量起訴に踏み切った。香港民主派勢力の壊滅を狙う中国共産党の意向に基づく措置であることは明白だ。事前に出頭命令を受けていた若者たちは、それぞれの思いを胸に「最後の自由な一日」を過ごし、警察署に向かった。

かつて英領だった香港では推定無罪の原則などに基づき、起訴されても一定条件の下で保釈が認められやすい。しかし国安法案件は別で、起訴後の保釈は困難視されている。

さらに裁判で有罪になれば、国家政権転覆罪の場合、10年以上の禁錮刑も覚悟しなければならない。1月6日の逮捕後、保釈されていた民主活動家たちは2月26日、突然の出頭命令を受け、起訴される可能性が高いことを知った。出頭前日の27日には、仲間たちと夕食を共にしたり、恋人と買い物に行ったり、長期の別れになることを念頭に時間を過ごしたようだ。

東京大学博士課程に在学中の区諾軒《おうだくけん》元立法会議員も28日に出頭し、起訴された。「2月28日は結婚記念日だった。レストランの予約もしていた。素晴らしい家族と友人がずっと支えてくれたことに感謝したい。私の33年間は穏やかで幸せだった。みんなを幸せにできなくて、ごめんなさい」

区のSNSには、こう書き込まれている。

起訴されなかった米国人弁護士、ジョン・クランシーは同日、香港メディアに、「自由と人権が制限され、香港は巨大な監獄のようだ」と述べ、当局の民主派弾圧を非難した。

黄之鋒は別件で服役中だが、今回の起訴で収監が長期化する可能性が高くなった。

（2021年3月1日）

親中派有利の選挙制度に

香港の選挙制度が親中派有利に見直されることが2021年3月11日、中国の全人代で決まった。香港立法会などでの手続きを経ない異例の措置となるが、習近平政権は中国憲法を根拠に見直しを強行する。中国当局は従来、中国共産党の指導的立場を明記する中国憲法の香港への適用を抑制してきた。しかし一国二制度が形骸化する中、中国憲法を盾に、香港の〝中国化〟を徹底していく構えだ。

中国憲法は社会主義を根本的な制度と規定し三権分立を否定する。2018年の改正で、前文に習国家主席（総書記）の社会主義思想が指導理念に加わった。

香港の選挙制度を見直すには通常、立法会でその修正案を3分の2以上で可決するなど5つの手続きを経なければならない。しかし今回は、「愛国者による香港統治」の実現に向け選挙制度の整備が急務だとして、中国憲法の31条「国家は特別行政区を設置できる。特別行政区の制度は全人代が法律で定める」などを根拠に一気に見直しが決まった。

香港特別行政区自体、この31条を根拠に設立されている。ただ、香港の民主派や市民の中には「一国二制度の下で資本主義制度が認められている香港に、社会主義に則した規定も含まれる中国憲法を適用するのは不適切だ」との見解が根強くある。香港には、多くの市民が「香港の憲法」とみなす基本法も存在する。

こうしたことから中国側も、香港における中国憲法の効力については、あいまいにしてきた経緯がある。

しかし19年に反政府・反中デモが本格化すると、習政権は香港の治安政策への介入に踏み切り、20年6月、国安法を成立させた。その根拠となったのが中国憲法の31条などだった。

同年12月には、中国の唐一軍司法相が会見で「香港は中華人民共和国の不可分の一部であり、中国憲法は当然、香港に適用される」とわざわざ言及している。

さらに今回、全人代における中国政府の活動報告でも「特別行政区の憲法と基本法の実施に関わる制度・仕組みをより完全なものにしなければならない」と強調された。香港メディアによると、同報告の香港に関するくだりで「憲法」が明記されたのは初めてだ。「愛国者統治」を掲げて中国共産党による香港統治を強化しようとしている習政権は今後、中国憲法を盾に香港の中国化を一気に進めていく可能性が高い。香港政府は国安法とともに中国憲法についての学校教育を本格化させる方針も示している。（２０２１年3月12日）

「自由の灯」ともらず～天安門事件から32年

香港警察は2021年6月4日、ビクトリア公園で31年続いてきた天安門事件のロウソク集会の開催を阻止した。中国最大のタブーである天安門事件の犠牲者を追悼する同集会は、一国二制度下の香港で認められた表現・集会の自由のシンボルだった。国安法の施行後、中国化が急激に進む中、〝香港の灯〟がまた一つ、消えた。

香港島のビルの谷間に広がるビクトリア公園は、甲子園球場が5個入る巨大なオアシスだ。1989年の天安門事件の翌年に民主派団体が同園で追悼集会を始めたとき、香港は英植民地だった。97年の中国返還以降も一国二制度の下、市民たちは小さなロウソクを手に、事件の真相究明と中国の民主化を求めてきた。

天安門事件から10年となった99年に追悼集会を初めて取材した。無数のロウソクの火が園内に広がる夜景は幻想的でさえあった。

ただ、少々拍子抜けしたのを覚えている。主催者発表で7万人が集まったその日、香港大の20歳の男子学生は「香港が声を上げないと、中国の民主化は停滞したままだ」と憤ったが、事件から10年もたち、園内に張りつめた雰囲気はない。民主化そっちのけの若いカップルや、歓声を上げて遊ぶ子供も多かった。「まるで夏祭りだ」と感じた。

2020年6月4日夜、ビクトリア公園で行われた天安門事件の追悼集会に集まった人々。翌年、同集会は警察に阻止され、このときの追悼集会が事実上最後となった

その後、中国共産党の強権体制が進み、香港にも影響が及び始めると一変。追悼集会は一国二制度を占うバロメーターとなった。

「逃亡犯条例」改正案で揺れた19年の追悼集会は、天安門事件から30年の節目とも重なり、最多の18万人（主催者発表）が集まっている。

香港警察が初めて追悼集会を禁止したのは20年、中国が国安法の導入を決定してからだ。禁止は新型コロナの感染防止が理由だったが、それでも6月4日には約1万人がビクトリア公園で追悼集会を強行、１９９０年から続くロウソクの火をつないだのである。

当日、公園で16歳の女子高校生に会った。思いつめた表情が印象的だった。「無許可の集会であることは知っています。でも、黙っていたら自分たちの自由が奪われてしまう……」

集会では「国家安全法に反対！」のシュプレヒコールが起こった。もはや、天安門事件の犠牲者を追悼する集会ではなく、一国二制度の香港を、香港の自由を守るための集会だった。

国安法が施行されたのは3週間余り後のことだ。それを境に香港市民の自由は大幅に制限され、一国二制度は有名無実と化した。そして迎えた21年の6月4日、一国二制度を照らしてきた〝香港の灯〟が再びともることはなかった。

当局は今回、31年続いたビクトリア公園での天安門事件の追悼集会を事実上の廃止に追い込んだ。残るターゲットは報道の自由を掲げるメディアだ。中国に批判的な報道を続ける蘋果日報が主戦場になるだろう。

最後となった20年の追悼集会でともされたロウソクの火は、一国二制度下の香港の死を悼むものだったような気がしてならない。

（2021年6月5日）

抵抗の火は消えず

19世紀の英女王の名を冠した香港のビクトリア公園は、民主派の聖地である。

中国の民主化運動を武力鎮圧した天安門事件の犠牲者を追悼するロウソク集会が、30年以上にわたりここで行われてきた。２０１９年に頻発した大規模デモ行進の出発地点に選ばれたのも、ビクトリア公園だった。

香港警察は天安門事件から32年の21年6月4日、その聖地を封鎖。事件後初めて、追悼集会を同公園で開催できない事態となった。ここまでは、中国・香港当局の思い描いた通りだったろう。しかし、ドラマが起きたのはそれからだ。

夜になると、ビクトリア公園周辺や繁華街で、若者らがロウソクの火やスマートフォンのライトをともし、独自の追悼活動を始めたのである。

数十人のところもあれば、１００人、1千人を超えた場所もあったと報じられている。数日前から香港政府側が「天安門事件の追悼集会への参加は、国安法違反の疑いがある」などと警告していたにもかかわらずだ。

「君たちの行為は全て録画されている。すぐに解散せよ！」と拡声器でがなり立てる警官。19年のデモのスローガン「香港を取り戻せ、私たちの時代の革命だ！」を連呼する市民ら

——。現場の騒然とした状況をニュース映像は伝えていた。

20年6月末の国安法施行以降、香港では言論や集会の自由が大幅に規制されている。民主活動家らが次から次へと逮捕される中、多くの市民が街頭に出て自らの意思を示すのは久しぶりのことだった。

「香港人は自分たちの思いを捨てたのではなかったのですね……」。参加した20代の女性が地元メディアの取材に、驚きと安堵《あんど》の気持ちを表している。

街頭ばかりではない。いくつかのレストランは、電灯を消してロウソクの火だけで客を迎えた。7カ所の教会では追悼ミサが、香港大では約20人の学生によって追悼活動が挙行された。参加した男子学生は「暗黒時代にあっても、香港人が良心と信念の火を持ち続けることを信じている」とコメントした。

米国総領事館でも、通りに面した建物の全ての窓に400本もの電子ロウソクを飾り、連帯を示した。

ビクトリア公園での追悼集会を主催してきた民主派団体の幹部、鄒幸彤《すうこうとう》が逮捕されたのは6月4日朝のことである（5日保釈）。同公園で独りで追悼活動を行う計画だったという。たまたま逮捕当日の香港紙に彼女の寄稿が掲載されている。その中で、「ビクトリア公園は天安門広場から民主化運動を受け継いだ」と強調。香港の自由と民主を取り戻すためにも〝ロウソクの火〟を絶やしてはならないと訴えていた。

確かに、ビクトリア公園は「香港の天安門広場」と化した。これから毎年６月４日になれば、警察当局が厳戒態勢を敷いて、追悼集会の開催を断固阻止しようとするに違いない。だが今回、香港市民は危険を顧みることなく街頭に立って、ロウソクの火やスマホの光をともし、体制に逆らった。

それは、もはや〝追悼の灯〟ではない。〝抗議の火〟〝抵抗の火〟であることを中国・香港当局は忘れない方がいい。香港をまるで植民地のように扱い、香港人に同化を迫る中国共産党へのレジスタンスなのである。

（２０２１年６月８日）

窮地に追い込まれた「抵抗の象徴」

香港警察は２０２１年６月17日、蘋果日報への捜査を一気に本格化させた。編集トップらを逮捕したほか、20年８月の２００人を上回る５００人体制で家宅捜索を強行。同紙の資産も凍結した。警察は国安法を盾に、中国・香港当局への〝抵抗の象徴〟でもある同紙を発行停止に追い込む構えだ。

蘋果日報（電子版）によると、本社編集局などの家宅捜索は午前8時ごろから約5時間続いた。出社してきた記者らは食堂に集められ、編集局への立ち入りが禁じられた。捜査員は机の上の取材資料やコンピューターも念入りに調べた。

20年8月10日の家宅捜索の際、編集局に押し寄せる捜査員らと対峙《たいじ》したのが、今回、国安法違反の疑いで逮捕された羅偉光・総編集（編集局長）だった。

羅は、ネットを通じた動画中継を部下に指示し家宅捜索の模様を公開すると同時に、「自分の持ち場に戻って、とにかく新聞を出そう」と記者らの動揺を抑えるのに必死だった。

当時、産経新聞の取材に「香港の自由を守るために発行を続けていく」と強調した通り、その後も蘋果日報は中国に批判的な論調を変えることはなかった。

国安法が施行された20年6月末以降、言論の自由を大幅に規制された市民たちにとっても、大手紙の中で唯一ぶれない蘋果日報は抵抗のシンボルだった。街頭で同紙を無言のまま掲げることが一つの抗議スタイルとなっていった。

だが、同紙に広告を出す企業がほとんどない中、今年（2021年）5月には70億円規模ともいわれる創業者、黎智英の資産が凍結されたほか、今回、同紙の資産なども凍結された。経営は瀕死《ひんし》の状況にあるとの見方が多い。

国安法31条には、会社、団体などが同法で刑事罰を受けると、運営の一時停止を命じられるか、営業許可が取り消される――とも規定されている。

窮地に陥った蘋果日報だが、この日も新聞の発行業務を続けた。20年８月の家宅捜索の翌朝には、市民たちが同紙を買い求めるために行列を作った。当時、羅は「55万部をほぼ売り切り、蘋果史上、最高記録となった」とうれしそうに語っていた。

国安法施行から間もなく１年が経過する今回はどうか。６月18日の市民の反応が、香港の現状を示すバロメーターになる。

（２０２１年６月18日）

不屈示す50万部

蘋果日報への弾圧が進む中、香港では２０２１年６月18日、多数の市民が同紙を買い求めるなど支援の動きが広がった。しかし当局は同日、国安法を武器に、同紙への締め付けを一段と強めた。香港の「報道の自由」が風前のともしびであることに変わりはない。

香港メディアによると、繁華街の旺角（モンコック）では18日未明から、蘋果日報を買い求める市民の行列ができた。ある店では未明のうちに１８００部を完売。いつもの20倍以上という。一人で50部買った客もいたらしい。

同紙は今回、1面に「みんな踏ん張ろう」との見出しを掲げ、通常の約6倍に当たる50万部を発行した。

一方、香港当局は6月18日、国安法違反容疑で前日逮捕した蘋果日報の羅偉光・総編集（編集局長）と、同紙を傘下に持つメディアグループ「壱伝媒（ネクスト・デジタル）」の張剣虹最高経営責任者（CEO）を同法違反で起訴した。

20年6月30日の国安法施行後、自己規制が広がる香港では、大手紙の中で中国資本が入っていない蘋果日報だけが中国を直接批判してきた。産経新聞が20年7月1日、国安法の施行を受けて「香港は死んだ」との見出しの記事を掲載した際、これを写真付きで紹介したのも蘋果日報だった。

当局は今回、同紙の記事30本以上が「香港や中国への制裁を外国に呼びかけたものだ」とみなし、国安法違反（外国と結託して国家の安全に危害を加える罪）で捜査。特定の記事が国安法違反の容疑対象になるのは初めてとされる。6月17日の同紙本社の捜索では記者の取材資料も押収された。

香港英字紙サウスチャイナ・モーニング・ポストは6月18日、「香港の報道の自由にとって暗黒の日だ」とする識者の見方を伝えた。

これに対し、同日付の中国系香港紙、文匯報は「報道の自由より、国家の安全が優先されるのは当然だ」との論陣を張っている。

蘋果日報社内では、中国共産党が創建100年を祝う7月1日までに「私たちを発行停止に追い込むため圧力をかけ続けるのでは」との懸念が広がっている。

（2021年6月19日）

苦渋の離職、停止部門も

蘋果日報が中国・香港当局の弾圧で休刊に追い込まれる見通しとなり、混乱が広がっている。離職者が相次ぎ、業務を停止する部門も出てきた。休刊は2021年6月25日に正式決定される予定だが、同日まで持ちこたえられない可能性も取り沙汰されている。

「（蘋果日報を取り巻く）環境は非常に厳しい。去るか残るかは自分で決めてほしい。すぐに退職してもかまわない」

蘋果日報の幹部は6月21日、700人を超える社員にこのような通知を出した。壱伝媒の取締役会で、当局による資産凍結措置の一部解除を申請し、それが認められなければ、

26日付朝刊をもって休刊する方針が決まったためだ。

香港メディアによると、休暇を取り消して最後まで働くことを決めた社員がいる一方、荷物を段ボールに詰め込んで本社を離れる従業員が相次いでいる。

業務への影響も大きい。金融・経済ニュースを担当する幹部らが離職し、蘋果日報電子版は22日から同ニュースの業務を停止した。国際ニュースを担当する幹部らも離職したという。同紙英語版も同日、業務停止に追い込まれた。

ネットで蘋果日報の動画ニュースを伝える番組の女性キャスターは21日夜、「とても残念ですが、これが最後の放送になります」と説明。「道は険しくても、真実を守るため引き続き職務に当たってほしい」と他のメディアにエールを送り、「香港人の皆さん、ご自愛ください。縁があればまた会いましょう。バイバイ」と番組を終えた。

中国寄りの香港紙、星島日報は22日付で、蘋果日報について「（離職者続出などの事態を受け）早ければ23日にも事業停止に追い込まれる」と報じている。

離職者が相次ぐ背景には（1）国安法違反の罪で起訴された蘋果日報にとどまれば、どんなリスクがあるか分からない（2）早急に次の仕事を見つけなければならない――といった事情がある。社員の間では「蘋果日報で働いていたという経歴が再就職に不利になるのでは――」との懸念も広がっている。

民主派政党、民主党の羅健熙主席は「リンゴ（蘋果日報）のない香港なんて想像もできない」とコメント。蘋果日報によると、国際人権団体アムネスティ・インターナショナルは「事実上、メディアを発禁処分にした」と香港政府を批判した。一方、林鄭月娥行政長官は22日、「（蘋果日報の資産凍結などは）国家の安全に危害を加えた事案に対処したものであり、報道の自由への攻撃ではない」と正当化した。（２０２１年６月23日）

朋友、蘋果 等你回來！（友よ、蘋果よ 復活を待つ！）

香港紙で唯一、中国共産党を真っ向から批判してきた蘋果日報が２０２１年６月23日、休刊に追い込まれた。中国・香港当局による、すさまじい言論弾圧である。香港の「報道の自由」は完全に失われた。

１９６０年、中国大陸から香港へ、12歳の少年が密航した。後に蘋果日報を創業する黎智英（72）だ。

チョコレートを腹いっぱい食べたくて共産中国を捨て、目指したのが自由と富の象徴、香港だった。これが蘋果日報の原点だ。２０２０年６月のインタビューで、こう語っている。「香港は、公平で自由な社会。私には天国のような場所だった」と。

財を成した黎はその〝天国〟を守るべく、１９９５年に蘋果日報を創刊。中国共産党に批判的な報道を続けた。「自由と民主を支持する香港人のために声を上げていこう」が信条となった。20年、創刊25周年の特別誌を発行した。タイトルは「これが最終章ではない」。当局の圧力が強まる中、創刊30周年も祝ってみせるという決意が込められていた。

羅偉光・総編集（編集局長）（47）に初めて会ったのは20年6月、国安法が施行される直前である。

羅は、①中国本土の取材ビザがなかなか出ない②蘋果日報記者だけ高官の取材の際に排除される――など当局の嫌がらせに悩まされている、とこぼした。聞いているうちに噴き出しそうになった。「産経新聞も同じですよ」。２人で苦笑した。

国安法施行翌日の20年7月1日、蘋果日報1面の見出しは「悪法が発効、一国二制度は死を迎えた」だった。同じ日、産経新聞が「香港は死んだ」という見出しの記事を掲載すると、羅はそれを蘋果日報で取り上げた。

「ありがとう。でも、気を付けて……」。こんなメールが私のもとに同紙の40代編集者から届いた。羅も黎も、その身は今や獄中にある。

蘋果日報〝最後〟の紙面（左）とその「休刊」を伝える2021年6月24日付産経新聞。広東語の見出しを付けた産経の紙面は話題となった

私たち（産経新聞）は、蘋果日報の発行停止を「廃刊」ではなく、「休刊」と表現する。暗黒の時代が明け、香港がよみがえる日、それを市民に宣言する香港紙は、蘋果日報をおいて他にないと考えるからだ。

リンゴは落ちた。しかし、「最終章」ではないと信じている。

（２０２１年６月24日）

言論封殺 自由なき香港

２０２０年６月30日に国安法が施行されてから１年も経たずに、香港紙で唯一、中国共産党を真っ向から批判してきた蘋果日報が６月24日付を最後に休刊した。

中国本土と異なり、一国二制度下の香港で認められていた「5つのシンボル」の1つが蘋果日報だった。この1年で香港を取り巻く環境は激変した。

1997年に英国から中国へ返還された香港では一国二制度の下、資本主義的制度の50年間の維持が認められていた。社会主義体制の中国本土では決して許されないが、香港では認められたもの、それが（1）蘋果日報（2）デモ（3）民主派（4）天安門事件の追悼集会（5）コモンロー（英米法）だった。

国安法の施行に伴い一国二制度が有名無実化する中、香港の象徴だったこれらはどう変わったのか。

まず、蘋果日報は当局の弾圧で休刊を余儀なくされた。国安法違反の疑いがあるとみなされたのは、「香港と中国への制裁を外国に呼び掛けた30本以上の記事」だった。記事が国安法の取り締まり対象になったのは初めてとみられ、他のメディア従事者を萎縮させる効果は絶大だ。報道の自由は失われてしまった。

2019年、香港では反政府・反中デモが激化した。そもそも国安法が香港に導入された背景には、こうしたデモを抑え込む狙いがあった。実際、国安法施行後、言論や集会の自由は大幅に制限された。

現在、デモは新型コロナウイルスの感染対策を理由に許可されていないが、コロナ収束後も国安法などを盾に、官製デモ以外は認められないとの見方が強い。

香港で各種デモを組織してきたのが、民主派勢力である。返還後、行政長官選や立法会（議会）選での普通選挙実現を求めてきた。

しかし国安法施行後、中国の習近平政権は「愛国者による香港統治」を掲げ、香港の選挙制度を改悪。これにより、行政長官選や立法会選の候補者を対象に、「愛国者」か否かを審査する「資格審査委員会」が新設され、中国に批判的な民主派は立候補すらできないのが現状だ。

中国最大のタブーである天安門事件をめぐっても２０２１年に大きな変化があった。香港では１９９０年から毎年、事件の追悼集会をビクトリア公園で開催してきた。しかし２０２１年、香港警察が同公園を封鎖し追悼集会の開催を阻止。政府側は同集会参加について国安法違反の疑いがあると警告しており、22年以降も開催を阻止する意向とみられている。香港でも天安門事件がタブー視されつつある。

英植民地時代から続くコモンローも揺らいでいる。

国安法違反の罪などで起訴された蘋果日報の創業者、黎智英に対し、香港高等法院（高裁）は20年12月23日、推定無罪の原則にのっとって保釈を認めた。

これに中国側が激しく反発。同31日、香港終審法院（最高裁）の決定により、黎は再収監された。さらに最高裁は21年2月、国安法案件では「通常の保釈の原則」は適用されないと判断、「（中国当局に）降伏した」（香港大法学部講師）と失望の声が上がった。今後、国安法違反の裁判が相次ぐとみられ、司法の独立の真価が問われることになる。

こうした一国二制度をめぐる香港の変化は、国際金融センターとしての地位にも大きく影響する。在香港米国商工会議所が21年5月中旬に発表した調査結果によると、回答のあった会員325人のうち、「香港を離れることを検討あるいは計画している」との答えが42％に上っている。

（2021年6月25日）

第5章

香港人改造

次は「香港人改造」

中国の習近平政権は「宗教の中国化」を掲げ、新疆ウイグル自治区で民族の改造を進めている。自治区各地で少数民族のウイグル族らを収容している「職業技能教育訓練センター」はその一環だ。反中デモが続く香港でも「愛国者による香港統治」を強調し始めた。市民の間では「香港人の改造」に向けた動きへの警戒が広がっている。

新疆ウイグル自治区西端のカシュガル。中心部のウイグル族居住区に、中国最大のモスク（イスラム教礼拝所）がある。2018年に取材で訪れた。

正面の壁に掲げられているのが「愛党愛国」の幕だ。「愛党」つまり中国共産党への絶対的忠誠を前提に、信仰が許されている現状を如実に物語っている。

周辺のウイグル族居住区では全ての家屋に中国国旗が翻り、多くの監視カメラが設置されている。古い家屋を取り壊して新しく整備されたその居住区は今、カシュガル有数の観光地である。中国各地から漢族の観光客らが押し寄せている。

「新疆が安全でなければこれほど観光客が訪れますか。新疆の社会は安定し、発展し、信仰の自由を享受しているのです」（外務省報道官）。カシュガルはそのショーケースといえる。

同時に、加速しているのが規制強化だ。「中国当局はイスラム教を中国化する5カ年計画を進めている」（中国英字紙グローバル・タイムズ）という。

17年4月に脱過激化条例を施行し、「正常でないひげ」を蓄えることや、顔などを覆う「ブルカ」の着用を「過激主義の影響を受けた行為」として禁止した。このためカシュガルでは、イスラム教徒に多いあごひげを蓄えた男性は一人も見かけなかった。

イスラム教の中国化政策の一環として各地に設置されたのが、「職業技能教育訓練センター」である。国際調査報道ジャーナリスト連合（ＩＣＩＪ）が入手したウイグルに関する内部文書によって実態が判明した。

中国語を中心に法律や職業技能の授業が行われているとする同センターでは、①中国語以外の使用や礼拝を禁止された②中国国歌や共産党をたたえる歌を繰り返し歌わされた③イスラム教が禁じる豚肉を食べるよう強要された——と元収容者たちが明かしている。

中国政府は「軽微な罪を犯した者」が主な対象者だと説明する。しかし、自治区で会ったある治安当局者は「路上で職務質問を２つ３つすれば、トラブルを起こしそうな人間かどうかはすぐわかる」と指摘。職業の有無や海外に知人がいるかなどを質問し、罪を犯していなくても施設に収容していると証言した。

発端は、自治区の区都ウルムチで09年に発生し１９０人以上が死亡した暴動だった。党は「ごく少数に打撃を与えて孤立させ、大多数を教育、団結させねばならない」として、テロ対策の名の下に改造政策を推し進めていく。

香港政府や中国共産党への抗議活動が続く香港でも、こうした中国化への改造に向けた警戒が広がり始めている。

19年10月下旬の4中総会で、習指導部が「愛国者を主体とする港人治港（香港人による香港統治）」を打ち出したためだ。反中デモの「暴徒」は逮捕し、一般のデモ参加者には再教育を施して愛国者に改造しようというものだ。

これまでの抗議活動でも「今日の新疆は明日の香港だ！」とのプラカードが掲げられていた。香港に隣接する中国本土側で大規模な収容施設が建設中との噂もネットで飛び交う。

（２０１９年11月29日）

親中派の重鎮が指摘する「情報機関」

香港政府や中国共産党に反発する市民の抗議活動が長期化する中、香港親中派勢力の重鎮で、中国国務院（政府）が主管する「全国香港マカオ研究会」副会長を務める劉兆佳が２０１９年11月21日、産経新聞の取材に応じた。劉は、中国当局が中国政府主導で香港に情報機関を創設し、敵対分子の摘発を進めていくとの見方を示した。

劉はまず、10月下旬の４中総会で、中国当局が主導的に香港問題に関与していく方針が決まったと指摘。今後、香港に国家分裂や反乱の扇動、政権転覆などを禁じる法律を制定するため、中国自らが乗り出す――とした。

「香港基本法23条に規定されているように、本来は香港政府自らが制定すべきものだが、中央政府は香港政府にそれができるとはもはや信じていない」

このため、中国側は①国家の安全を定めた中国本土の法律を香港に適用させる②中央政府が香港のための法律を特別に制定する――などさまざまな措置を研究していると劉はみている。

「そもそも、こうした法律が香港に制定されていれば（一連の抗議活動は）全て犯罪になり、有効に取り締まることができた」。中国側は再発防止に向けて立法化を急いでいるという。

その一環として、劉が指摘するのが「情報機関」の創設だ。「英領時代、香港政庁には情報機関が設けられ、反英・反政庁分子に関する情報を収集し、摘発に当たっていた」。英情報機関、ＭＩ６などが関与していたとみられている。

すでにマカオには国家安全法を履行するため国家安全委員会が設立されているが、「（中国当局は）中央政府主導で、香港に特化した国家安全委員会を設け、情報収集活動を進めていく」との見方を示した。

劉は、香港政府中央政策グループの首席顧問や、中国の全国政治協商会議委員などを歴任した香港親中派の要人として知られる。（２０１９年11月22日）

一国二制度は崩壊した

一瞬、戦慄が走ったのを覚えている。新聞記者を30年近くやっているが、こんな機会はそうそうない。全人代の開幕を翌日に控えた２０２０年5月21日夜、とんでもないニュースが北京から香港にもたらされたのだ。

「中国の国家安全法を香港に導入するための法案が全人代に上程される……」。香港のメディアが一斉に流し始めた。知人に聞くと、「北京で当局者から事前説明を受けたのだろう」との見立てだった。

国家安全法が導入されれば国家分裂、政権転覆行為などが禁止される。一見、問題ないように思えるかもしれないが、この法律を利用して、あらゆる体制批判の芽を摘んできたのが中国共産党である。

香港で政権批判ができなくなる、抗議デモができなくなる、つまりは、香港が香港でなくなる。基本的人権を保障した「一国二制度」の死――を意味した。

しかも、党の決定事項を承認するだけの全人代が議案に異を唱えるわけがない。上程された時点で導入は決まったも同然である。

携帯を持つ手が震えた。東京の編集局へ一報を伝え、「国家安全法、香港に導入へ」の記事を書いた。

19年11月、香港親中派の重鎮、劉兆佳から、「中国当局が検討している」と聞いていたウルトラCのやり方だった。香港の立法会（議会）を通さずに中国当局が香港の法律を制定する――そんな先例ができてしまえば、香港の立法機関も、法の支配も有名無実化する。システムを一夜のもとに一変させてしまうという意味で、〝無血クーデター〟といえた。

翌日の5月22日、「香港民主主義の父」と称される李柱銘に会った。疲労困憊《こんぱい》していた。「絶望はしていません。絶望とは、あきらめることです」。１９８０年代から香港の民主化のために力を尽くしてきた老闘士は、目を閉じたまま言った。しかし、である。一体、何ができるというのだろう。

5月25日、民主派の若手政治家、黄之鋒たちの反対運動を取材した。住宅街で、国家安全法がいかに悪法かを訴えていた。ベビーカーを押した女性（40）が立ち止まった。民主派の区議に何やら聞いている。真剣な表情だ。

「導入を阻止するには、どうすればいいのかと質問したんです。『国際社会に圧力をかけてもらうしかない』との答えでした」

話をする彼女の瞳にみるみる涙がたまっていく。「怖くて仕方がありません……」

5月26日、香港大准教授の戴耀廷（55）を訪ねた。これまで痛烈に中国共産党体制を批判してきた、民主派きっての理論家は文字通り頭を抱えていた。「これからは何も言いませんよ」。もちろん、みすみす捕まるような戦い方はしないという意味だ。しかし、国家安全法によって過去の行為も罪に問われる可能性が指摘されている。

「これが最後のインタビューになるかもしれませんね」。戴は力なく笑った。この年で捕まれば、生きて刑務所から出てこられないかもしれない。同年代の民主活動家の苦衷《くちゅう》を思うと、胸が熱くなった。

香港の一国二制度は崩壊の危機にあるのではない。すでに崩壊したのだ。新たな「一国一制度」の香港でどう生きるのか、苦しい模索が始まっている。

（2020年6月2日）

相次ぐ香港教科書削除

香港で高校の教科書をめぐり、出版社側の〝自己検閲〟が問題となっている。香港への強権統治を進める中国に配慮し、天安門事件や雨傘運動など民主化デモに関する記述の削除・削減が加速したためだ。教師ら学校関係者は２０２０年８月21日、「洗脳教育を断固拒否する」との声明を発表、反発を強めている。

問題化しているのは、高校の必修科目「通識」の教科書。通識は、社会問題などさまざまな課題を生徒に与え、生徒の考える力を育成する「探求型学習」だ。「愛国心ではなく、批判的思考を育んでいる」として中国政府が19年から非難してきた経緯がある。

通識の教科書は本来、香港政府の審査を受ける必要はない。ただ、政府は今回、政府の専門家や学者から参考意見を聞ける「専門家相談サービス」を始めた。

ある高校教師は産経新聞の取材に、「サービスを受けるかどうかは出版社の自由だが、政府から『推薦教科書』に指定してもらうためには受けるしかない」と明かす。各出版社は、９月からの新学期で使用する教科書の原本を同サービスに送り、専門家の意見を取り入れて「自発的修正」（同教師）を迫られた形だ。

改訂前後の各教科書を比較した香港メディアによると、「中国からの批判を避けるために行われた」（蘋果日報）としか考えられないような改訂が多い。

ある教科書では民主化運動を武力弾圧した天安門事件をめぐり、①戦車の前に立ちはだかる男性を描いたイラスト②「武力鎮圧」や「中国人民解放軍が天安門広場に進駐」の文言――を削除。香港民主化運動の雨傘運動や、中国の禁書を扱う香港の「銅鑼湾《どらわん》書店」関係者らが15年に失踪した事件の説明と写真を、ばっさり削除した教科書もあった。

また、ある教科書では「私は香港人だ」と記された旗を持つデモ参加者のイラストが、「中国の経済発展の成果を享受できて、私は中国人であることが誇らしい」と説明されたイラストなどに差し替えられた。中国政府の非営利教育機構「孔子学院」の政治性が海外で問題になっている――と説明されたイラストを削除した教科書もあった。

中国国営新華社通信は8月21日、「ようやく〝消毒〟が行われた」などと評価する論評を発表。これに対し、香港の学生や教師ら学校関係者の諸団体は同日、「事実上の政治的審査だ」として改訂の撤回を求めた。

（2020年8月23日）

「英領香港」の歴史が消える

2020年10月に入り、香港の歴史博物館に異変が起きた。参観者が押し寄せ、数百人の行列ができたという。19年の長きにわたり続いた常設展「香港の物語」が20年10月18日に幕を閉じたのだ。

香港が１９９７年に英国から中国へ返還された後に始まったこの常設展は、４億年前の太古の昔から返還までの歴史について、写真や映像など約４千点の資料で紹介したものだった。その中で興味深かった展示が３つある。

まず、45年に撮影された香港の写真。日本の敗戦を受けて、３年８カ月の日本の占領時代が終わった市内を撮ったものだ。写真説明には「日本の投降を慶祝する」市民たちとあり、１００人以上が写っている。

しかし、何かおかしい。「慶祝」ぶりが伝わってこないのだ。「そうか、笑顔がない……」。大げさではなく、笑っている人は一人も写っていなかった。

アヘン戦争後の１８４２年に英国の植民地となった香港の人々にとって、日本の占領が終わっても、かつての支配者が戻ってきただけということだったのか。あるいは、中国に返還された香港側があえて「笑顔なき写真」を展示したのか。

次に、１９８９年5月の写真。中国・北京の天安門広場を占拠した学生らの民主化運動を支援するため、香港で行われた「１００万人デモ」を撮ったものだ。が、写真説明では、中国当局が学生らを武力弾圧した同年6月の天安門事件について一切触れていない。「うーん、やっぱり……」と思っていたら、香港の現代史を紹介する映像コーナーでは、天安門事件に関する説明がちゃんとあった。

3つ目は、「中英共同宣言」の展示の扱いである。

英国から中国への返還と、香港の高度な自治権を50年保障することなどを定めた国際的取り決めが、84年調印の中英共同宣言だ。しかし現在、中国の習近平政権は「歴史上の文書にすぎず、拘束力はない」と一顧だにしない。

ところが何と、この中英共同宣言こそが「香港の物語」の最後を飾る展示コーナーだったのだ。説明のパネルには、中英共同宣言の意義が記され、こう締めくくられていた。

「香港は50年変わらず」――。

市民の自由に制限を加える国安法が中国によって香港に導入された今、香港の人々はこれを読んで何を思うだろう。いずれにせよ、中国には都合が悪い。

「香港の物語」がオープンしたのは2001年だが、調べてみると、準備に6年を要したという。つまり、返還前の英領時代から展示内容の検討が進められていたのだ。

この展示を見ておきたいと願う市民たちの気持ちが分かる気がした。2年後に開幕予定の新たな常設展では、「英領時代を紹介する展示はかなり減るでしょうね」（60代女性）。代わりに増えるのが、中国の一部になった返還後の歴史だ。

英国の影響が色濃い「香港の物語」はこの19年間で、延べ1千万人以上が参観したという。次に市民たちが目の当たりにするのは、中国共産党が書き換えた香港の歴史である。

香港人による、香港人のための歴史が展示されるのはいつになるのだろう。役割を終えた歴史博物館を後にしながら、ふと思った。

（２０２０年10月27日）

香港は再び植民地と化した

日本で著名な香港の民主活動家、周庭（アグネス・チョウ）が２０２０年11月23日に収監されて1週間。面会した知人たちの話によると、彼女に割り当てられたのは12人部屋で、「精神状態があまり良くなく、十分に眠れず、体の調子も悪い」と話していたという。

「私は一生懸命この環境に適応しようとしています。食欲はないけど、食べる努力もしています」

「12月2日に外に出られるかはわからないですけど、外で3日の誕生日を祝えることを願っています」

周はこんな日本語のメッセージも出している。19年6月の違法集会に参加した彼女に対し、20年12月2日、量刑の言い渡しがある。

願い通り、実刑判決を受けずに釈放されたとしても、8月に国安法違反の疑いでも逮捕されている周は再び起訴され、勾留《こうりゅう》される可能性がある。

大学を卒業したばかりで間もなく24歳になる彼女の現状は、香港のこの1年の激変ぶりを象徴している。

ちょうど19年の今ごろ、香港は11月24日に行われた区議会選での民主派の圧勝に沸いていた。19年6月に本格化した反政府運動が最大の盛り上がりを見せたときだった。この勢いで立法会選も勝利し、さらに……と市民の多くが香港の一層の民主化を夢見ていた。

区議会選で民主派候補たちを支援した周も、選挙後の会見で「民主派がもらった一票一票は市民の血です」と語り、民主主義のために戦い続けます――と決意を新たにしていた。

そのとき、まさか7カ月後に中国によって国安法が導入され、香港の自由を保障してきた「一国二制度」がズタズタにされるとは、誰も考えていなかった。

今の香港には、恐ろしくてカメラを向けられない場所が存在する。中国政府の事実上の香港代表部「香港連絡弁公室」と、国安法関連の重大事件を捜査する中国の出先機関「国家安全維持公署」の建物である。

それぞれ治安当局が厳重に警備し、周辺で私服警官らが警戒の目を光らせている。カメラを向けるや警官に取り囲まれて誰何《すいか》されるか、尾行されるのがオチである。こんなにピリピリした威圧的な場所は、従来の香港には存在しなかった。

現在、香港で何が起きているのか。

・言論、報道、集会、デモの自由の制限拡大
・愛国教育、国家安全教育の推進
・公務員に対する中国、香港政府への忠誠の強制
・香港政府による立法会議員の資格剥奪
・司法の独立に対する親中派の圧力強化

国安法の導入によって、反政府デモが押さえ込まれた香港は単に「19年6月以前」に戻ったのではない。

英国の植民地だった香港が中国に主権返還された１９９７年以降、謳歌してきた「一国二制度」時代が事実上終焉したのだ。

今、香港で加速しているのは中国共産党による直接統治であり、これから本格化するのは、新疆ウイグル自治区で行われているような民族改造、つまり香港人改造である。

「港人治港」（香港人による香港統治）から、「愛国者治港」（愛国者による香港統治）に看板を掛け替えた香港では、中国共産党や親中派が支配者となり、自由を守ろうとする香港人たちが被支配者となる。周の現在の境遇がそのことを如実に物語っている。

香港は再び植民地となってしまった――。今の香港を一言で言い表すならば、これしかない。

（2020年12月1日）

自由なき香港とムーミン

2020年の1月1日は、香港で元日デモを取材した。反政府・反中国共産党のスローガンを叫びながら、繁華街をデモ行進した市民たちは主催者発表で100万人以上。「香港独立」の旗も何本も掲げられていた。

あれから1年――。20年6月末に施行された国安法によって別世界と化した香港では現在、こうした行為の全てが取り締まり対象だ。黄之鋒や周庭ら多くの民主活動家が逮捕されたり、勾留されたりした。禁錮10月の実刑判決を受けた周は20年12月下旬、重罪犯収容の刑務所に移送され、厳しい監視下に置かれている。

国安法違反の事件を捜査する警察当局は市民に密告を奨励し、20年11月上旬の受け付け開始から１カ月で約３万件の通報が寄せられた。市民たちは仮面をかぶり、政治的な問題に無関心を装うようになっている。

20年秋、香港から帰国した後、世界的な人気キャラクター、ムーミンのテーマパーク（埼玉県飯能市）を訪ねた。世話になった香港の友人が今、東京で働いていて、「行ってみたい！」というので同行したのだ。香港ではムーミンを日本のキャラクターだと誤解している人が少なくないらしい。

同パークはムーミンの物語を追体験できるレジャー施設で、ムーミンの家も再現されている。新型コロナウイルス対策が十分に施された園内に入ると、野外ステージでムーミンの劇が始まるところだった。

ひどいイジメにあった影響で、顔や体が消えて透明になってしまった女の子が主人公。いろんなアドバイスを受けながらムーミンたちと暮らしていたある日、悪事を働こうとするムーミンパパに、女の子が怒りを爆発させた途端、元の姿に戻ることができたというストーリーだった。

実は、ムーミンにそれほど関心があるわけではなく劇もほとんど眠っていた。が、パーク内の展示コーナーで資料を見ているうちに俄然《がぜん》興味がわいてきた。

ムーミンの物語が描かれ始めたのは、欧州がナチスドイツに支配された第二次大戦中のこと。一連の作品には著者のフィンランド人女性、トーベ・ヤンソン（1914〜2001年）の自由への思いが込められているという。当時、彼女が訪れたドイツで目の当たりにしたのが、密告におびえる市民たちの姿だった。

展示コーナーには、ちょうど野外ステージで見た劇のセリフが掲げてあった。

「人は脅かされてばかりいると、だんだん姿が見えなくなっちゃうものでしょ」

「闘うってことを覚えないかぎり、あんたは自分の顔を持てません」

愕然《がくぜん》とした。

「これってまるで……」

香港人の友人も、じっと見つめて言った。

「香港のことですよ」

21年の元日、香港でデモは起きなかったが、抗議活動が皆無だったわけではない。民主派区議ら3人が1台の街宣車に乗って、「全ての政治犯を釈放せよ！」などと連呼しながら、市中を回った。１００万人以上が参加した20年に比べ、21年は３人。それが現実だ。21年を迎えたこの日、街宣車の上からはどんな香港が見えただろうか。姿が消えようとしている、顔のない市民たちが歩いていたに違いない。

（２０２１年１月５日）

奪われる民主主義

もう、あのような光景を香港で目にすることはないだろう、当分の間は……。

２０２０年７月に取材した民主派の予備選のことだ。ある投票所を訪れると、団地内の日陰に沿って３００メートルもの長蛇の列ができていた。老いも若きも、一票を投じるため１時間近く並んだ。

当時、民主派は２カ月後に予定された立法会選で初の過半数獲得を狙っていた。乱立する民主派内の候補者を絞り込むため、全ての有権者を対象に行ったのが予備選だった。

結果、「国安法違反の疑いがある」と当局が警告したにもかかわらず、有権者の13％に当たる61万人が足を運んだのである。

「香港は次々に自由が失われている。これが自由に投票できる最後になるかもしれない」

（20歳男性）

危機感を胸に一票を投じた香港人の懸念はしかし、現実のものとなる。立法会選が延期されたばかりか、21年3月5日に開幕した中国の全人代などで「愛国者による香港統治」を実現すべく、香港の選挙制度が改悪されることになったのだ。

現在、香港政府トップの行政長官は、親中派が多数を占める選挙委員会による間接選挙で選ばれている。だが一国二制度の下、香港基本法（ミニ憲法）には「最終的に普通選挙で選出する」との目標が明記されている。約半数が間接選挙で選ばれる立法会議員も、「最終的に全議員を普選で選出する」となっている。

選挙は民主主義の根幹だ。香港の民主化運動の目標もまた1人1票の直接選挙でリーダーたちを選ぶことに置かれた。一般に香港では民主派の支持者が有権者の6割、親政府・親中派が4割とされる。目指したのは6割の民意が十分に反映される政治の実現だった。

14年の雨傘運動や19年の大規模な反政府・反中デモの際も、要求の一つに「真の普選の実現」が掲げられていた。

しかし、中国の習近平政権は中国共産党に逆らった香港の民主派を許さなかった。21年2月下旬、民主派の予備選に参加した47人が国安法違反（国家政権転覆罪）で一斉に起訴された。元立法会議員の区諾軒もその一人だ。

「このままでは、（有権者が）選びたい人を選べない時代がやって来る」

区は国安法施行後、こう危惧していたが、悪い予感は当たってしまった。

今回、中国が香港に導入する「香港の特色ある新たな民主選挙制度」では、親中派機関が全ての立候補者の資格の有無を審査することになる。基準を一言でいえば、中国共産党に従うか否か。従来の民主派は出馬さえできなくなるだろう。

20年7月、予備選の投票所で聞いた男性（63）の怒りの声を思い出す。

「香港は香港人のものであり、中国共産党のものではない。それを投票を通じて中国に伝えたい！」

今、香港人はその手段を失おうとしている。20年の全人代では国安法の導入が決まり、香港の人々は言論やデモの自由を奪われた。21年は民主主義を奪われ、民主派を支持する〝6割の声〟が封殺される。

これからの香港は、中国共産党に逆らわない「愛国者」だけが統治する。見せかけの民主、見せかけの自由、見せかけの自治、つまり、見せかけの一国二制度で覆われた暗黒の香港、いや、真っ赤な香港が出来上がるのだ。

（２０２１年3月9日）

民主の父「無傷」の苦悩

香港島の繁華街の一角、飲茶《ヤムチャ》で有名なレストランが入る商業ビルに弁護士、李柱銘（マーティン・リー）(82) の事務所がある。英植民地時代から香港民主化運動に携わり、民主派政党、民主党の初代主席を務めた。〝香港民主主義の父〟と称される。

法律関係の書籍で埋め尽くされた大きな書架には、一枚の写真が飾られていた。中国に返還された1997年7月1日の前夜から未明まで行われた集会の写真だった。

「『東洋の真珠』と呼ばれる香港の輝きの源は自由であり、民主である！」李はこう訴え、新たな支配者の中国に香港の民主化推進を求めた。中国における香港民主化の歩みはここから始まった。

李はその後、立法会議員として行政長官選や立法会選での普通選挙実現などを要求。中国当局からは、蘋果日報の創業者、黎智英（ジミー・ライ）(72) とともに、「民族のくず」「米英の走狗」などと非難されてきた。

2008年に議員を引退。19年の反政府・反中デモの際は、海外メディアのインタビューに応じるぐらいで、運動の先頭に立っていたわけではない。

しかし同年8月の無許可集会に参加したなどとして逮捕・起訴され、保釈。21年4月16日、判決公判が開かれた。「大切なのは希望を持ち続けることだ」。李は裁判所の前で報道陣にこう言い残し、法廷に向かった。

下されたのは禁錮11月、執行猶予2年の有罪判決。「話すことは何もない」。憮然《ぶぜん》とした表情で裁判所を後にしている。

20年5月、事務所で会った李は危機感を募らせていた。当時、中国による国安法の香港導入が目の前に迫っていた。

「中国が香港に約束した〝高度な自治〟を何とか実現させたい。若い世代の人に、より良い香港を渡したいのです――」

今や、国安法の施行によって香港の自由や自治は奪われ、選挙制度の改悪で民主化の道も閉ざされてしまった。

盟友のジミー・ライも同法違反などで起訴され、すでに収監されている。そればかりではない。孫ほど年の離れた黄之鋒ら多くの若者もまた獄につながれているのだ。

「(19年のデモで)若者たちが払った代償は大きい。申し訳なく思う……」。〝無傷〟でいる自分に後ろめたさを感じているのだろう、李からそんな言葉も聞かれるようになった。

こうして迎えた21年4月16日の判決の日。李はカジュアルなローファーを履いて裁判所に現れた。拘置所では、ひものある靴が禁じられている。李は、執行猶予が付かない実刑判決を受けてそのまま収監されることを想定していたのだ。そして〝遺言〟を残し法廷に入った。

欧米をしばしば訪れ、民主化支援を呼びかけてきた李の国際的知名度は高い。自らが獄につながれれば、国際社会の中国への反発が一段と激しくなることを、李は知っている。しかし、判決は執行猶予付きだった。李は塀の向こうには行けなかった。香港民主の父は〝死地〟を求めている。そんな気がしてならない。

（2021年5月11日）

香港にまかれた民主の種

「六四の日々が香港にやって来る！」

香港の民主活動家、李卓人（64）が国安法違反（国家政権転覆扇動）の罪で起訴されたニュースを聞いたとき、真っ先に思い出したのは、李自身の言葉だった。

2020年6月30日に国安法が香港に導入される数日前、李にインタビューをした。彼はそのとき、六四、つまり1989年6月4日、中国・北京で起きた天安門事件のように、民主化運動が徹底的に弾圧される日々が香港に到来する——と警鐘を鳴らしていたのだ。

中国への批判的な報道で知られた蘋果日報をめぐり、総編集（編集局長）だった羅偉光と、蘋果日報自体が国安法違反の罪で起訴されたのが21年6月18日。同紙は24日付を最後に発行停止に追い込まれた。

そして9月9日、天安門事件の追悼集会を香港で毎年主催してきた「香港市民愛国民主運動支援連合会」（支連会）と、その代表だった李が国安法違反の罪で起訴されたのである。李はすでに無許可集会参加の罪などで実刑判決を受け、服役している。今回、国安法でも起訴され、獄中生活が長期化するのは避けられないだろう。

31年続いてきた天安門事件の追悼集会は21年6月、警察に初めて阻止されていた。主催団体も訴追されたことで、集会再開の道は完全に断たれた形だ。

私は国安法導入直前の20年6月下旬、産経新聞の企画記事「自由が消える香港」を緊急連載した際、1回目に蘋果日報と羅を、2回目に天安門事件の追悼集会と李を取り上げた。

一国二制度下の香港で認められた「報道の自由」を担保するのが蘋果日報の存在であり、「集会の自由」「表現の自由」の象徴が天安門事件の追悼集会だと考えたからだ。が、国安法施行からわずか1年余りで、共に〝消滅〟してしまった。

追悼集会を初めて取材したのは1999年である。約7万人という参加者に親子連れが多かったのを覚えている。李に最初にインタビューしたのもその頃だ。当時から有名だった。李は天安門事件が起きたとき、北京にいた。中国の学生が率いる中国民主化運動を支援していたのだ。中国人民解放軍に鎮圧された後、香港に戻った李は泣きながら事件のもようを市民たちに報告している。

香港で恒例となった追悼集会は、中国人学生らの死を悼むためだけに始まったのではない。支連会は「中国共産党一党独裁の終結」を求めるスローガンを叫び続けた。「中国の民主化を目指して倒れた中国の学生からバトンを受け継いだ」(李)との思いがあったためだ。

今、香港は「中国の民主化」どころではない。「香港の民主化」の方が切実な問題である。ただ、香港の民主化を阻むものこそ、中国共産党の強権体制であることは、国安法導入の過程を見れば明らかだろう。

あの日、天安門広場でバトンを受け取った李は、香港で30年余り走り続けてきた。前にはもう進めない。

「でも、次の走者にバトンは渡したよ」。獄中の彼にインタビューをしたら、きっと笑って答えるはずだ。国安法といえども、これまでの追悼集会に参加した市井の人すべてを取り締まることはできまい。

（２０２１年９月14日）

香港がよみがえる日まで

「人の血饅頭《まんじゅう》を食べる」という中国の言葉がある。

人間の血を塗った饅頭を食べると肺病に効く――という昔の迷信から生まれたとされる。転じて、他人の犠牲から利益を得ることなどを指す。香港では、数えきれない若者たちが逮捕された反政府デモをうまく利用し、私腹を肥やす行為などに対して使われている。

今回、受賞（２０２０年度「ボーン・上田記念国際記者賞」）の知らせを聞いて頭をよぎったのは、物騒なこの言葉だった。

最近の主要な国際ニュースは香港ではなく、ミャンマーだ。国軍のクーデターに対する抗議デモが続いている。治安部隊が発砲し、白いシャツを血で染めた若者が運ばれていく映像が世界を駆けめぐった。

ミャンマーのデモを引っ張っているのは、２０１１年の民政移管後に広がり始めた自由の空気を吸って育った若者たちだ。既に存在する自由や権利を軍政に再び剥奪されてなるものかと体を張って抵抗している。

この点、反政府・反中デモを主導した香港の若者たちと似ている。１９９７年、英国から中国に返還された前後に生まれた世代、つまり一国二制度の下、中国本土では認められていない言論、集会の自由を香港で謳歌しながら育った世代がデモの担い手となった。黄之鋒（24）や周庭（24）もこの世代に属する。

それ以前の植民地時代に生まれ育った世代との決定的な違いは、香港を人生における仮のすみかではなく、守るべき〝故国〟のように感じていることだ。

私は２０１９～20年、出張を繰り返しながら香港で取材に当たった。19年６月16日のことは、はっきりと覚えている。香港史上最大となった２００万人（主催者発表）デモを目の当たりにして、私は香港の悲劇を直感した。

それまで約３年間、習近平体制下の中国・北京に駐在し、新疆ウイグル自治区などを取材してきた私は「習指導部が黙っていないだろう」と確信したのだ。

２日後、かつて「香港の良心」と呼ばれた女性にインタビューをする機会があった。返還後しばらく、香港政府ナンバー２の政務官を務めた陳方安生（アンソン・チャン）（81）だ。私も同時期、支局長として香港に赴任していた。

当時から中国当局への歯に衣着せぬ物言いで知られた彼女に、デモの感想を率直に伝えた。すると、彼女はこう言ったのだ。

「私にはデモの背後に希望が見えました」と。「熱い思いにあふれた若者たちを見て、香港の将来に心配はないと感じたのです」

陳方安生（アンソン・チャン）

その後、平和的なデモは姿を消し、街は催涙ガスに包まれ、通りには血が流れた。そして200万人デモから1年余りたったころ、〝目に見えない戦車〟がついに香港に進駐した。

20年6月30日、国安法の施行である。私は迷わず「香港は死んだ」と記事に書いた。一夜にして、既存の自由が剥奪されたのだ。

それからの香港で何が起きたのか。

民主活動家の大量逮捕、民主派議員の資格剥奪、言論・集会の自由の大幅規制、愛国教育の推進……。私がインタビューをした民主活動家のほぼ全員が逮捕された。黄、周は今も獄につながれている。

一方で、国安法が施行されたその日、恋人にプロポーズをした民主活動家を、私は知っている。暗黒時代の香港を2人は一緒に歩いていくことを決めた。彼は街頭に立ち続けている。

「今は生きて、生きて、生き抜くこと」。肉体労働に汗を流しながら、口を閉ざし、嵐が過ぎるのを待ち続ける独立運動家もいる。

香港の街は静かになった。まるで歴史が止まったかのようだ。といっても香港で何も起きていないわけではない。歴史の歯車が再び前へ動き出す日が来る。

200万人デモの先にあるのは悲劇か、希望か――。まだ、答えは出ていない。

「香港はよみがえった」。いつかそう書いたときに初めて、今回の受賞を喜べるのだろう。

私は血饅頭を断じて食べない。


（2021年2月25日）

第6章 それでも香港に生きる

「デモじゃなく戦争なんです」

香港のデモ参加者には大別して2種ある。「和理非（平和、理性、非暴力）派」と「勇武（武闘）派」だ。デモの最前線で警官隊と激しい衝突をするのが勇武派で、女性の姿も少なくないのが気になっていた。

知人を介して勇武派の女性に会えることになった。指定された場所で想像を膨らませて待っていると、意外にも、小柄でえくぼのかわいい女性が現れた。

フェート、28歳。昼間は事務職員をしている。英語で「宿命」を意味するその名前は、自分で付けたニックネームである。

「区議会選で民主派が圧勝しました。選挙も抗議手法として有効だと思いませんか」と質問してみた。

「選挙？」と静かに笑った。「確かに美しい。でも民意が（政策に）反映されなければ無意味です」

今、保釈中の身である。

２０１９年11月17日夜、炎が燃えさかる香港理工大の正門付近で警官隊と対峙していた。ゴーグルと防毒マスクを装着し手には盾を持っていた。

火炎瓶を投げる勇武派の仲間たちを、警官隊の催涙弾やゴム弾から守るのが彼女の役目だ。催涙弾の破片などを浴びて負傷したこともある。ゴム弾が顔の近くを横切ったことも。

「明らかに警察は頭を狙っている。つまり、やるかやられるか、戦場なのです」

17日深夜、警察に大学の周りを完全に包囲され、脱出できずに逮捕された。

インタビューに応じたフェート。顔を隠すことで撮影を許してくれた

初めて前線に出たのは6月12日。逃亡犯条例改正案に反対するデモだった。補給係としてヘルメットやゴーグル、傘を前線に運んでいたその日、警官隊の催涙弾の嵐に見舞われた。若者らも激しく抵抗して衝突、70人以上の負傷者が出た。

香港政府が改正案の審議を無期限に延期すると発表したのは3日後。6月9日に主催者発表で103万人のデモが行われても、民意を無視していた政府が、ようやく折れた。

「和理非派は（抗議手法が）美しいか否かで判断しがち。でも私たちがやっているのはデモではない。中国から自由を守るための戦い、戦争なのです」

――怖くないのですか？

「怖くても前線に出なければならない。私たちが怖がるのを喜ぶのは政府だけ」「前線に何度も出たら覚悟はできる。私たちが戦わなければ誰が戦いますか」

静かな笑みが消えた。

政府を支持する親とは口を利いていない。和理非派の恋人とは別れた。「彼を守るためです。私が警察に逮捕されてしまい、彼に累が及ぶといけないので……」

写真を撮っていいですかと聞くと、耳と髪が見えないように手で覆ってカメラの前に座った。

「私にはまだやるべきことが残っているから」

彼女にとって今、香港に生きるということは、こういうことなのだ。

（2019年11月28日）

自爆、私刑 勇武派女性の告白

「私にはもう必要のないものです――」

渡されたビニール袋に10枚のマスクが入っていた。フェートが最後の別れに来たことを知った。香港の反政府デモの前線で戦う勇武（武闘）派の一員だった。警察に逮捕され保釈された後、地下活動に従事していた。何度か話をするうちに、彼女のグループが爆弾をつくっていることに気づいた。いつも強気で、笑顔を見せても、ひんやりしたものを感じさせる女性だった。その彼女がこれまでに見たこともないような、思いつめた表情をしている。

「二度と戻らない覚悟です」。彼女は香港を離れることを決意したのだった。

――後悔はしない？

香港を見捨てることを、という言葉はのみ込んだ。この女性だって、これからの公判でどれほど重い判決を言い渡されるのか分からないのだから。彼女は黙って、かぶりを振った。うつむいたまま、「でも悲しい……」と一言。涙があふれ出た。

デモの転機となったのは２０１９年11月、香港理工大で繰り広げられた警察との攻防戦だった。若者たちが拠点とする大学に警察は突入せず、包囲する戦略に出た。結果、勇武派の主なメンバーらが一網打尽にされた。

その後、若者の一部は火炎瓶よりも強力な武器を求め、地下に潜った。が、捕まった仲間たちのスマートフォンの情報などから芋づる式に検挙されていく。

涙をぬぐった彼女は、少し穏やかな表情になった。

「どうしたら香港の人々が目覚めてくれるのか、一緒に戦ってくれるのか、分からなくなってしまって」

追い詰められた彼女が考えたこと、それは――。

「爆弾を体に巻き付けて××で〝カミカゼ〟をしようと……。でも、仲間の母親に『あなたが死んだところで誰も目覚めやしない』と諭されたのです」

彼女は自爆する場所をはっきりと口にしたが、ここでは記さない。私が驚いたのは、追い詰められたもう一つの理由だった。彼女は、反政府デモの支援者と称する、ある会社経営者の不実をなじったのを機に、仲間から敵視されるようになったのだという。

「仲間同士で言い争うことが増えました。私も『私了』されてしまうかも……」

「私了」とは、私刑の意味に近い。若者たちが、敵対勢力と見なした者に暴力的な制裁を加える事件がしばしば起きていた。以前、「私了をどう思うか」と聞いたとき、「戦いの最中なのだから仕方がない」と正当化していた彼女がおびえていた。そして、こう言って嗚《お》咽《えつ》するのだ。

「仲間割れで……外国に行くのが……本当に悲しい」

1年前は平凡な会社員だった。逃亡犯条例改正案の反対デモに参加したのが19年6月。前線で苦しむ学生たちを目の当たりにした。

「守ってあげないと」「自分にも何かできるはず」。いつしか彼女も催涙弾を撃つ警官隊と対峙していた。防毒マスクが足りなくて、ときにレモンの皮で口を覆いながら。

彼女は今、香港を無事に離れ、ある国にいる。政治亡命を申請するつもりだ。

誤算が1つだけあった。その国でも、新型コロナウイルスの感染が急激に拡大したこと。マスクが足りない。

（2020年3月17日）

「死というものを初めて間近に感じた」

某国に逃れたフェートは2020年4月下旬、SNSを通じて発信を始めた。この1年間の揺れる思いをつづっていた。その身は海を渡っても、心は香港を離れられないでいる。異国の地に逃れてなお、香港に生きる女性の物語だと思った。身の安全のため実名を明かせないが、彼女から要約を掲載する許可を得た。

19年6月に本格化した香港の反政府デモで、勇武（武闘）派として最前線に立ったフェート。彼女の手記は、20年に入り海外へ逃亡した後、自身に起きたある〝変化〟から始まる。

《香港を離れて、私はデモの前線に立つことがなくなり、尾行や密告、（警察に殺害されて）「自殺」したことにされる心配もなくなりました。ゆっくり休めるはずなのですが、なぜか眠ることができません。

毎晩、銃を突きつけられたり、自分が殺害されそうになったりする夢を見るのです。30分から1時間ぐらい眠って、また起きて……。

医師によると、私は長期間、いつ死んでもおかしくない環境にいたため、脳がずっと緊張状態にありました。しかし今は安全な場所にいるので、気が緩み、これまでたまっていた痛みが一気に解放されたというのです。それはＰＴＳＤ（心的外傷後ストレス障害）で、「軽い程度ではありませんよ」と言われました。

5月に入り、私は自殺を図りました。首をつり、酸欠で頭の中が真っ白になったとき、死の恐怖のあまり、体がもがき、心が生きることを求めました。生き延びた後、死ぬ勇気

さえないことを責めたのです》

香港では19年6月9日、中国本土への容疑者引き渡しを可能にする逃亡犯条例改正案への反対デモに103万人（主催者発表）が参加。その群衆の中にフェートもいた。彼女が初めて前線に出たのは、その3日後だった。

《19年の6月12日、私はただの和理非（平和、理性、非暴力）派でした。催涙弾や速竜小隊（警察の特殊機動隊）なんて知りませんでした。

雨傘運動の年（14年）、私はある病気で半身不随になりました。何年かの治療を受けて、ようやく普通の暮らしが送れるようになったのです。だから、走り続けたり、重いものを持ったりはできません。

この日、（立法会を取り囲む）デモに参加し、友人と陸橋の下で休んでいると、前線に物資が足りないという声が聞こえてきました。

「タオルと（目に入った催涙剤を洗浄する）食塩水が足りないらしい。（催涙弾などから身を守る）長い傘も必要だな」

目の前に、山のように積まれた物資が前線に届いていなかったのです。

手伝いたい。ほんの少しでも、と思いました。友人を残し、ヘルメットと（催涙ガスから目を守る）ゴーグルを身に着けました。右手に食塩水のボトル、左手に何本もの傘を持って、前線に向かいました。走っては休んで、走っては休んで……。1回往復するのに10分近くかかりました。

2往復、3往復するうちに、前線で動けなくなってしまいました。その場にいた仲間が「早く逃げろ。傘を持って後ろへ下がれ。もうすぐ戦いが始まるから」と言うのです。他の仲間が小道から走り出してきて、「速竜が来たぞ！」。

「みんなが逃げるまでここを守る。戦わない人は早く逃げて」と前線の男性が叫びました。人を救うために、後方の仲間たちを守るために戦う、これが前線の仕事なんだと知りました。

私は友人のところまで戻りました。全身疲れ切っていましたが、その夜、眠れませんでした。前線では私よりもっと若い同志たちが戦っていたのです。

私は自分にできること、前線に物資を運ぶ仕事をしようと決めました》

デモ隊の要求は、逃亡犯条例改正案の撤回だけでなく、警察の暴力に関する徹底調査や、逮捕されたデモ参加者の釈放のほか、行政長官選や立法会選での普通選挙の実現にも拡大。デモは民主化運動、そして民主化を阻む中国への抗議活動の色彩を帯びていった。

《デモには毎回参加しました。いつしか前線に立ち、仲間たちが火炎瓶やレンガを投げるとき、彼らを傘で防御する役目を担うようになっていきました。

私は催涙弾の一部を頭に受けたことがあります。弾が顔の近くを横切ったときは、死というものを初めて間近に感じました。　警察は頭を狙っているのです。

ある繁華街でのこと。その日のデモは野次馬《やじ》がたくさんいました。警官が野次馬を指して、「さっさと帰れ！」とどなりました。

そして、2メートルほど離れたところにいた私に銃を向けたのです。ビーンバッグ（布《ぬの》袋《ぶくろ》）弾の銃でした。銃口がはっきり見えました。

幸いにも、隣の警官がすぐに彼を後ろに引っ張っていきました。たぶん分かったのでしょう、彼が撃ったら私が死ぬことを》

デモを、やるかやられるかの「戦争」と考えるようになったフェートは過激な行動にも加わった。しかし最初のとまどいを正直につづっている。

《ある夜、私は両手に傘を持っていませんでした。レンガを手にしていました。投げるべきか否か。気持ちが重かった。攻撃は、私が最優先にしなければならない行動ではありません。

今から思うと、私の考えは単純なものでした。もしこのレンガが警官に当たって死んでしまったら、それを受け入れられるのか。

私は結局、撤退の時にごみ箱に捨てたのです。

別の夜、ある現場で女性が大声で助けを求めていました。警官たちに囲まれていました。助けに行こうとした私の手を、チームの仲間が引いて止めました。

「もう助けられないよ。警官の数が多すぎる」

「でも彼女は助けを求めているわ」

チームの仲間は私を路地に連れ込んで言いました。

「わかっている。でも助けられない。もっと冷静になれ！」

「でも彼女はあんなに助けを求めているじゃない」

「僕だってつらいんだ」

私は壁を何度も蹴り上げました。人を守るのが役目なのに助けられない。自分が震えていることに気が付きました》

勇武派を見る香港市民の目はさまざまだった。家族、仲間との葛藤にさいなまれた。


《「お前が暴徒になるなんて！　捕まってしまえばいいんだ、自分のせいなんだから！」と母が言いました。

「それじゃ、だれかが（警官に）暴行されたり、死んじゃったりしてもいいってこと？」

「当たり前でしょ。あんたらが破壊行為をしたからよ！」

私は生まれて初めて、母を汚い言葉でののしりました。

弟が「家を出ていけよ」と私に言いました。私は家に帰らなくなりました。

私は今回、香港から外国に逃れるに当たり、母に嘘をつきました。「外国に留学に行くから……」

母は「それがいいわ。もう帰ってこないんでしょ。その方がいいわよ」と興奮して言いました。「何か必要なものはない？」とは私に聞きませんでした。

でも、この身が外国にあっても、絶対に安全だということはありません。

仲間と偽った者たちが私たち（逃亡者）の身分を調べ始めました。調べ上げられた人は妨害を受け、死の恐怖にさらされています。

共産党はどこにでもいるのです。

自分の利益のために、仲間を売るような「デモ支援者」もいます。私の戦友はたくさんの仲間を助けたにもかかわらず、ある「支援者」の恨みを買い、個人情報をばらまかれました。

私が香港にいるときに文句を言ったら、同じように「スパイ」という汚名を着せられてしまいました。私を「始末する」という噂も流れました。

警察だけでなく、かつての仲間からも圧力を受けて私は今、異国の地にいるのです》

《私が前線の〝盾〟になっていたころ、友人からしばしばメッセージを受け取りました。

「もうあなたたちに頼るしかないわ。あなたは怖くないの？」

フェートが差し出した右手。デモの際、警察から逃げようとして転倒し負傷したという。まだこの時は逮捕されていなかった＝2019年11月6日

いいえ、私たちだって怖い。毎回、死を感じていました。命がけで、心の中の未来のために戦っていたのです。

ある人はこう言います。「私たち大人はいろんなしがらみがあって出ていけないのよ。ご苦労さま」

でも、私たちの命、友、前途、学業、愛情はしがらみではないのでしょうか。

前線の仲間が一番嫌っていたのは、市民に拍手で送り出されることです。

「がんばれ、頼んだよ」

口では私たちが捕まったり、けがをしたりしないでほしいと言いながら、でも私たちを鼓舞して前線に送り出すのです。これは、苦痛でしかありません。

かつて、和理非派の仲間が言いました。「あなたが前線で戦ってもどうにもならない。危ないだけ。まずは国際戦線（国際社会の支持を得るために戦うこと）よ」

でも、前線の冒険がなければ、どうやって、国際戦線を動かしていけるというのでしょう。どのように、警察の暴力を明らかにし、大きな反響と関心を集めることができるというのでしょうか》

フェートが守ろうとした香港の自由は、市民の基本的人権に制限を加える国安法によって奪われようとしている。

《中国が香港に、国家安全法制を導入しようとしています。香港の立法と、一国二制度の原則を無視したものです。香港（の価値）を虐殺する行為に等しい。

私たちには時間がありません。（香港の）みんながまだ、革命について考えてくれていることを望みます。

しかしみんなは、国家安全法制が導入される前から、自分で自分を審査して規制し、恐怖の中で言論の自由を自ら終わらせようとしています。これを抗争といえるでしょうか。

恐怖は相手を利するだけなのです。

１年ほど前、私はまだ、オフィスで友達とバカなことを言っていました。幸せは手を伸ばせば届くところにあり、仕事もあり、彼もいて、趣味に費やす時間もありました。今、その全てがありません。

でも、たとえ1年前に戻ることができたとしても、私は再び６月９日の１００万人デモに参加するでしょう。その３日後、私はまた、前線に出ることを選びます。走ってきた道を後悔していません。間違ったことをしていないからです。

自分が死ぬその時まで、２０１９年の自分を光栄に思うでしょう。そして、19年のあなたたちを光栄に思います》

フェートはすでに難民申請を済ませた。認められるかは分からない。

（２０２０年６月26日）

無名俳優から民主派議員に

「福祉をしっかりお願いしますね」。香港・九竜半島側の深水埗周辺の団地前。２０１９

香港区議会選で初当選した冼錦豪＝2019年11月26日

年11月26日朝、中年女性から声を掛けられていたのが、24日の区議会（地方議会）選で初当選した冼錦豪《しょうきんごう》（30）である。

民主派陣営から出馬し、現職の親政府・親中派候補との一騎打ちを制した。3235票対3225票。わずか10票差の勝利だった。

今回の区議会選は、反政府・反中票の受け皿となった民主派が総議席の8割以上を獲得、圧勝した。その結果、大量の「素人区議」が誕生したが、彼はその典型だ。この7月までは、売れない俳優だった。

中学（日本の中・高校）を卒業した後、飲食店従業員を経て、テレビ業界に就職。

テレビドラマや映画に出演するようになり、これまで約30本に出演した。大半がせりふなし。

「日本のドラマ『相棒』に、香港の日本人観光客の役で出たことがある。せりふはなかったけどね」。照れくさそうに笑った。

転機は19年6月9日。逃亡犯条例改正案への反対デモに参加したことだった。

「中国は〝推定無罪〟が通用しない国。〝推定有罪〟の国に送還されるのはごめんだよ」

中国に敏感な訳がある。彼自身、中国広東省広州で生まれた。5、6歳ごろ、家族とともに香港に渡ってきた。経済移民である。

デモ当日、主催者発表で100万人もの市民が平和的に行進し、同じ声を上げたことに身も心も震えた。政治に関心をもった。

7月に入るとデモは過激化する。「自分にできることは他にあるはずだ」。デモに関わる民主派グループと相談し出馬を決めた。自由と安定を求めて中国から香港に来たはずなのに、中国を支持する両親たちの世代への反発もあった。

「自分は香港人だ。そのことを誇らしく思う」と胸を張る。が、同時に「中国人としての意識も心の底にある」と認める。

選挙のチラシには「広州出身」と明記した。「選挙戦略だ。選挙区には中国移民も少なくない」。それが奏功したかは分からない。

10票差の当選が確定した25日午前5時半、涙が止まらなかった。「やっと、明確な役柄とせりふをもらった気分。良心をもって区議の仕事を務めたい」

それが、香港人としての自分に課された責務だと考えている。（2019年11月27日）

28年後の未来描けぬカップル

香港政府と中国共産党への抗議活動が本格化して5カ月余り。催涙弾と火炎瓶が飛び交うデモ現場で恋が生まれることもある。大学生のデニス（19）＝仮名＝と高校生のルビー（17）＝同＝はそんなカップルだった。

2人が出会ったのは2019年7月1日。若者たちが立法会に強行突入した日のことだ。デニスは「みんな、ガラスを割って建物に入っていったので、軽い気持ちでついていった」という。

議場では、若者たちが鉄の棒やハンマーで机、いす、壁をたたき壊していた。「手袋をしていない人は何も触るな」。誰かの声が聞こえた。指紋の証拠を残すなという意味だろ

「声は小さいが決して黙らない」と書かれたシャツを着る２人

う、素手だった彼は破壊活動に加わらなかった。

深夜になって外に出ようとしたとき、荒れた議場を見つめる少女がいた。「何をいつまで見ているんだ。一緒に逃げよう！」

警官隊が立法会に近づいていた。黒いマスクにメガネ姿の２人は手を取り合って走って逃げた。催涙弾が撃たれたのはその後だ。

ルビーはそれまで１人でデモに参加していた。６月９日、「逃亡犯条例」改正案への反対デモに出たのが1回目だった。

「今の自分に直接影響があるとは思わなかったけど、これを許したら、もっとひどいことが起きる気がしたんです」

それから、デモに加わるようになったルビー。補給班に入り、前線に出たこともある。

両親は彼女の本当の姿を知らない。

父親は香港生まれで、母親は中国広東省出身。両親とも政府・中国を支持し、デモ隊の若者たちを「ゴキブリ」「暴徒」と非難する。それを黙って聞いているのが一番つらい。

「口を開けばけんかになるし、外出を禁止されてしまうのは目に見えているから……」

デニスは最初はデモに無関心だったが、過度な暴力を振るう警官に怒りがこみ上げ、参加するようになった。その警官に殴られたことも、消火器を噴射し警官を撃退したこともある。

2人の気がかりは2047年だ。さまざまな自由が認められた「一国二制度」が終わり、香港は共産中国についにのみ込まれる。

「独裁国家と1つになりたくない」(ルビー)

「香港はわが家。自分で守らないと」(デニス)

夢を尋ねた。デニスは「小学校の先生」。ルビーは「お医者さん」と答えた。目の前に座る2人はいつしかテーブルの下で手を握り合っている。

今から28年後、47歳と45歳になった2人が生きる香港はどうなっているだろう。私だけではない。彼ら自身が想像すらできないのだ。

（2019年11月29日）

香港人でも中国人でもない

黎明

5カ月ぶりの再会だった。正直、見違えた。前回会ったときは、土色の顔で生気がなかった。今、目の前にいる彼女は薄い紅を差しイヤリングをしている。

黎明（34）。中国上海生まれ。2008年に香港に留学した。すでに香港永住権を取得し、2年前に香港の男性と結婚。現在は香港の大学で社会学の講師を務めている。

19年6月14日、立法会近くの陸橋で初めて会ったとき、彼女はハンガーストライキの真っ最中だった。「中国で生まれた私だからこそ、中国の恐ろしさが分かるのです！」「逃亡犯条例」改正案の審議中止を求め、大学の仲間たちと12日からハンストに突入していたのだ。

会った翌日、病院に収容されたことは、香港紙を読んで知っていた。

「ハンスト開始から90時間ぐらいたったころでした。血糖値が下がり、意識がもうろうとして、危ないところだったそうです」

——中国から移住して11年、自分のことをもう香港人になったと思いますか？

「いいえ、私は香港人から見ても、中国人から見ても、よそ者です。だから『異郷人』じゃないかな」

「中国人の中には、私のことを裏切り者とみる人もいます。心配した父親から、中国の愛国ビデオが送られてきました」

——中国には帰らない？

「分かりません。でも、上海の友人が9月に香港で一緒にデモに参加したのですが、中国に戻ってから拘束されてしまったのです」

香港に来たのは23歳のとき。市民たちが自由に自分たちの政府を批判しているのを見て驚いたという。

「自らの発言に気を付けなくていい社会を不思議に思いました」

香港では今、５カ月以上にわたり抗議活動が続いている。香港政府や中国を支持するか否かをめぐる社会の分断が深刻だ。

そもそも香港は、中国本土から逃れてきた移民たちで成り立ってきた社会にもかかわらず、中国への反感が高まる中で、最近、中国の新移民たちへの風あたりも強まっている。

「多元文化を尊重してきた香港の価値観を守ってほしい。相手を１００％否定しないという価値観です。たった１つの声というのは良くない」

対立が先鋭化する今の香港社会では、なかなか表明しにくい意見である。

「このままだと（反政府運動が勝利したとしても）別の形で極端な政府が生まれてしまう。そんな気がするのです」

香港人でも、中国人でもない異郷人だからこそ、言えることがある。

（２０１９年11月30日）

息を潜めながら生きている

香港の新界地区西部のベッドタウン、屯門《とんもん》周辺の商店街。「あきらめるなよ」。高齢の男性が声を掛けると、親中派政党、民建連の事務所にいた青年が手を挙げた。

２０１９年11月24日の区議会選に現職で臨み、落選した巫成鋒《ふせいほう》（33）だ。２９３９票対３７８４票。民主党候補に敗れた。

彼に初めて会ったのは投票日の夕刻。投票所の近くで市民一人一人に頭を下げていた。反政府デモの高まりを受け、親中派候補を取り巻く環境は厳しかった。

しばらく見ていると、駆け寄って彼の手を握ったり肩をたたいたりする市民がたまにいた。一様に、手をさっと出してすぐに引っ込める。周りの目を気にしていた。まるで悪いことでもしているかのように……。

「なぜ、民建連に入ったのですか？」

12月初め、事務所で再会したとき、聞いてみた。

両親は香港生まれ。大学で総合政策学を修め、ＮＧＯ（非政府組織）勤務を経て11年、25歳のときに「民建連の関係者に勧誘されて」入党した。その年の区議会選は落選したが、４年後に当選を果たした。

でも、なぜ親中派政党だったのか。端緒は大学生時代の07年、中国本土と香港の学生交流で訪れた北京での体験だったようだ。

「人民大会堂のスケールに感動した。北京のトイレもきれいだったし、会った若者も立派な人物でした」。中国のイメージが一変した。学生交流を進める中国側の狙い通りといえた。そして08年の北京五輪。

屯門付近の事務所に立つ巫成鋒

「技術的にも優れた開会式を見て国力の強さを感じ、誇らしかった」という。

実は、彼だけではない。香港大の調査によると、「自分を中国人だと思う」と答えた割合が38・6％とピークを迎えたのが08年。同じ年、「香港人だ」は半分以下の18・1％である。しかし19年6月の調査では「中国人」が10・9％と激減。逆に「香港人」は過去最高の52・9％だった。

巫に聞いてみた。

「あなたは香港人ですか、中国人ですか?」

顔を一瞬、こわばらせた。が、「中国人です」ときっぱりと答えた。今、そう断言する若者は少ない。

中国共産党が、香港に認められた「高度な自治」や「一国二制度」への介入を年々強めていく中、親中派政党の懐にいた巫が変わることはなかった。

共産党についてどう思っているのだろうか。

「共産党は人民解放軍を動員せず自制している。香港政府に任せるつもりだ。心配すべきなのは自由よりも経済のことでしょう」

抗議デモには一度も参加したことがない。民主派寄りでデモに参加している父親とは2回けんかをした。

巫のような若者もまた香港に生きている。ある者は息を潜めながら。

（2019年12月17日）

昼は銀行員、夜はデモ隊支援

２０１９年11月のとある深夜、山の斜面に広がる香港中文大で途方に暮れていた。警察と学生たちの攻防戦を取材しようと駆けつけたものの、時間が遅くなって、帰るすべを失ってしまったのだ。

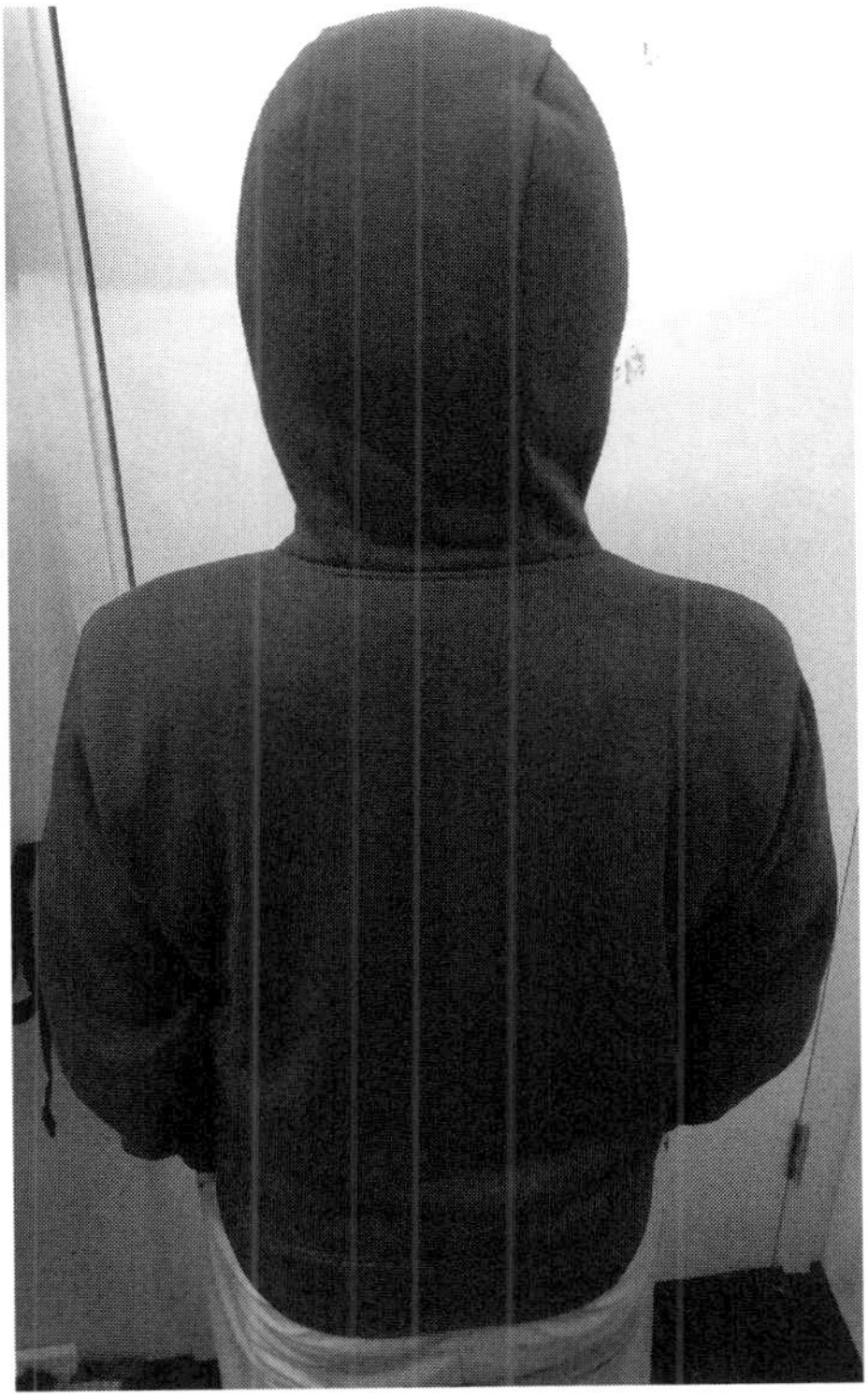

「身元が特定されたら困る」と、後ろを向いた銀行マン＝2019年12月6日

そんなとき、車で家まで送ってくれたのが、ベン㉙＝仮名＝だった。

半年にわたって続く抗議活動は、無数の「家長」によって支えられている。家長とは抗議活動の支援者のことだ。若者らに資金・装備を無償で援助したり、隠れ家を提供したりと、その役割はさまざまである。

ベンも家長の一人。デモ現場などに車で駆けつけては、警察に追われる若者らを拾って安全な場所まで運ぶ役割を果たしていた。

「昼間は中環（セントラル）で働いている。銀行マンさ」。素性を明かした彼に後日、インタビューをした。夜遅い時間だった。

――なぜ家長に？

「罪滅ぼしの気持ちだよ。俺は抗議活動の前線に立てない。バレれば今の職を失う。クビにならなくても昇進はまず無理さ」

今、外資系金融機関でファンドを担当している。

「俺も含めて香港の中産階級は金をもうけることしか頭にない。魂が腐っていたんだ。それを目覚めさせてくれたのが今回の運動だよ。だから微力でもできることをしたいんだ」

――家長の仕事で記憶に残っていることは？

「7月21日、新界地区の元朗《げんろう》でのことかな。映画のシーンのようだった……」

元朗ではこの日、デモ参加者が白シャツ姿の暴力団員らに襲われていた。ベンが車で駆けつけたとき、ちょうど3人の若者が、棒を振りかざした6、7人の白シャツ組に追いかけられているところだった。すぐに車を止めて「早く乗れ！」と3人を後部座席に収容し急発進、間一髪だった。

「3人のうち2人は20代の恋人同士でね、警察が現場に現れなかったことにとても腹を立てていたよ。その若者が言うんだ。『カバンの中にはいつもナイフが入っている。必要になったら使うつもりだ』ってね」

――香港人の学生は希望を失っている？

「香港の銀行業界も今、香港人の学生を採用しない。中国本土出身の学生ばかり採っている。親兄弟の人脈に期待しているのさ」

「でもね、デモは良い投資だと思うよ」

――観光客は減ったのに？

「もちろん短期的にはマイナスさ。しかしデモのおかげで不動産価格は下がってきたし、政府は市民の不満を減らそうと、ローンを申し込みやすくした」

「それに、米国では香港人権民主法ができて、中国が香港に手を出しにくくなったじゃないか。デモは香港を良くしてくれるのさ」

ベンはそう言って、残業で疲れた体を引きずるようにして車に乗った。

（2019年12月22日）

教え子のデモ参加「うれしく思います」

香港で半年以上続く若者たちの反政府・反中デモ。「愛国教育が足りないからだ」と中国政府は香港の教育システムを問題視する。特にやり玉に挙げているのが「通識」教育である。

英領時代から続く科目で、2009年に高校の必修となった。社会問題などさまざまな課題を生徒に与え、考える力を育成する「探求型学習」だ。

香港政府は「詰め込み教育」からの脱却を目指したにすぎないが、中国は「批判的思考」を育ててしまったとみる。お金もうけしか関心がない香港人を変えてしまったというわけだ。

香港島の私立校でその通識教育を担当しているのが、教師になって5年目の鍾《しょう》（30）＝仮名＝である。「答えを出さない授業です。生徒たちが自分で調べ、自分で考えます」

香港や中国の問題はもちろん、グローバル化、地球温暖化もテーマとなる。

――天安門事件も取り上げるのですか？

「もちろんです。『中国人民解放軍兵士の銃撃で学生らが死んだ』と教えますが、（予断を与える）『虐殺』という言葉は使いません。原因と結果は生徒に考えさせ、評価させます」

――香港の抗議活動は？

「まだ進行中なので注意を要します」

鍾の表情が険しくなった。

学校側からは「中国や香港警察の悪いことばかり教えるな」という無言の圧力を受け、教師側の自己規制が進んでいるという。

「今回、私自身は平和的なデモに参加したことがありますが、授業でデモを支持する発言をすると、保護者から『暴力を勧めた』と批判されかねません」

また、生徒の中でもデモの過激化については意見が分かれている。鍾は否定も肯定もせず、「暴力によって自分たちの要求を政府に認めさせようとするデモは香港だけではない。フランスでもあった。しかし法を犯したら、その責任も自らが負わなければならない」と教えているという。

２０１９年11月下旬、香港理工大に立てこもって大量検挙された若者たちの中に、鍾が受け持つクラスの16歳の生徒2人が含まれていた。鍾は大学まで身柄を引き取りに行った。

「生徒の一人は泣いていました。でも私は、生徒が自分の意思で参加を決めたのであれば責めません。授業で教えようとしているのはまさにそのことだから、むしろ……うれしく思います」

通識教育を問題視する中国に対しては、「本末転倒です。悪いのは教育でしょうか。中国側は『愛国心を育てるため、香港の学生にもっと中国の歴史を勉強させろ』と言いますが——」。

鍾の口元が緩んだ。

「それはおかしな話です。そんなことをしたら、中国を嫌いになる学生が増えるだけじゃないですか」

（２０１９年12月27日）

スト決行の病院にも「勇武派」

「簡単な決断ではなかった。悩み抜いた末に参加したんだ」

香港の公立病院で働く男性看護師、ジェフリー（28）＝仮名＝は顔をゆがめた。

２０２０年2月3日から7日まで行われた医療関係者のストライキに加わった。延べ

２万８千人以上（労働組合発表）の看護師や医師らが参加したストにより、人手不足に陥った各病院で手術の延期が相次いだ。

「香港政府は、中国本土からやって来る人々の申告に依存した防疫政策を進めている。でも（新型コロナウイルスが発生した）湖北省に滞在したことのある人が、それを正直に申告しなかったらどうなる？」

最も厳重に隔離されなければならない人の管理が甘くなれば、医療の最前線に立つ自分たちはもちろん、香港の一般住民の安全を守ることなどできない。

「だからストという強硬手段に訴えて、中国との境界の完全封鎖を政府に要求したんだ。そして、私たちの防護具を十分に提供すること。信じられないかも

病院ストに参加した看護師

しれないが、最も必要な医療現場でも足りないんだ」

医療用マスクのほか、顔を保護するフェースシールド、ガウン……。政府は病院用に確保しているというが、減り続ける在庫の棚を見るたびに不安になる。

彼の病院にも感染が確認された患者が何人もいる。患者の口に管などを挿入するとき、感染リスクが高くなる。細心の注意を払うのは当然だが、しくじって「感染したかも……」という場合があるかもしれない。そんなときは、自分で自分を隔離する覚悟はできている。愛する人たちにうつすわけにはいかない。

19年6月に本格化した反政府デモには何度も参加した。そのたびに、最前線に立って警官隊と対峙する勇武（武闘）派の若者たちを見ながら、「本当に勇気がある。自分には到底まねできない」と思っていた。

でも、中国返還後初めてという病院ストを決行した自分たちはどうだろう。

「穏健な抗議活動では何も変わらないという現状認識は彼らと似ている。私たちも勇武派といえるのかもしれない。医療界のね」

将来の夢を聞いてみた。戸惑いの表情を浮かべて、「実は――」と切り出したのが移民の計画だった。

「来年、恋人と結婚して外国に移住しようと思っている。香港では、夢を持てない。しかしどこに行っても、自分が香港人であることに変わりはない。だから今回のストに参加したんだ」

インタビューを終えて繁華街に出ると、さっき別れたジェフリーが恋人であろう女性と前を歩いていた。取材時とは打って変わった、柔らかいまなざしで話をしながら、マスクの群れの中に消えていった。

（2020年2月13日）

逮捕された生徒を見捨てない

壁がすぐ目の前に迫る。3メートル頭上の天窓からは光が差し込む。机をはさんで2人座ればいっぱいになる特別室が元学習塾講師、蔣旻正《しょうびんせい》（28）の教室だ。

「授業はたったの15分。しかも2週間に1回だけ。これが香港政府に許可された補習時間なのです」

蔣が2020年1月から通うのは香港北部の拘置施設である。高校3年の男子生徒ら5人を1人ずつ教えている。反政府デモで逮捕・起訴された若者たちだ。

5人の保釈が認められていないのは、「爆弾所持や暴動など重大な罪に問われたためだろう」という。

デモが本格化した19年6月以降の逮捕者は約7700人。このうち中高生だけで約1200人に上る（20年3月時点）。

所属の学校が親政府・親中国系の場合、校長はおろか、先生さえも拘置施設に面会に来ないことがある。

「それでは生徒があんまりではないか。絶対に見捨ててはいけない」

蔣は今、北区議会議員（民主派）を務めるが、19年11月の選挙で当選するまでは塾の講師をしていた。

モットーがある。「先憂後楽」。天下国家については人より先に心配し、楽しみは人より後で――。19年に逃亡犯条例改正案への反対デモに参加し、選挙に出馬したのも「この信条を実践したかった」からだ。

とはいえ、気になるのはやはり学生たちのこと。逮捕歴があれば、かなりのハンディを覚悟せねばならない。だからこそ「目標をもつ大切さ」を伝えたい。民主派団体の要求で補習が初めて認められたとき、自分の出番だと思った。

香港ではちょうど20年3月下旬から、大学入試がスタートする。逮捕された学生も原則、

事務所でスタッフと打ち合わせをする蔣旻正（左）

受験できる。

拘置施設では15分の授業しか許されていないので、蔣は毎回、自習用の特別教材を作って渡している。だが、施設に入る前に検閲を受けなければならない。

「係官は１ページ、１ページじっくり見ていますよ。反政府、反中の文章があれば許可しないつもりでしょう」

授業中、係官はいない。室内は２人だけだ。

〈抗議活動の状況はどうなっていますか〉。そう聞かれるときが一番つらい。

〈今は新型コロナウイルスが大問題になっていてね。でも感染が収まれば……〉

蔣に取材したのは、団地内の彼の事務所である。インタビューの途中で住民たちが訪ねてきた。それを見やりながら蔣は自らに言い聞かせるようにいう。

「防疫対策をめぐって政府への不満が高まっています。董建華《とうけんか》初代行政長官を追い詰めた03年の大規模デモも、重症急性呼吸器症候群（SARS）が収まった直後に起きました」

住民たちが大事そうに蔣から受け取っていたもの、それは5枚のマスクだった。

（2020年3月14日）

記者は一人の抗争者となった

「立場姉《ねえ》ちゃん」。親しみを込めて、若者からこう呼ばれている。

香港民主派が実施した予備選の新界東選挙区で、新人ながらトップの票を獲得した何桂《かけい》藍《らん》（グウィネス・ホー）(29)は、ネットメディア「立場新聞」の記者をしていた。

2019年、反政府デモの現場で、涙ぐみながらデモ参加者の思いをネット中継した日もあれば、親政府系の男らに木刀や鉄パイプで殴られたこともある。その傷は今も背中に残る。デモの最前線では、警察による取材規制が厳しくなっていく中、若者たちが人生をかけて戦っていた。

何桂藍（グウィネス・ホー、右端）

「記者は真理と歴史に対して責任を負うが、この運動に対しては負わない。私は責任をもって運動に関わっていこう」。20年1月、退社し、一人の〝抗争者〟になった。

経歴がちょっと変わっている。08年、香港の高校を卒業してから向かった先は北京だった。北京五輪の年である。

「中国のイメージが非常に良い時代でしたからね」

苦笑いをする何は習近平国家主席の母校、清華大学に留学した。

北京で何を見たのか。10年末から11年にかけて中東のチュニジアでジャスミン革命が勃発し、独裁政権が崩壊した。11

年2月には、「中国にもジャスミン革命を！」とネット上でデモが呼びかけられた。

「そのとき、大学の指導員が学生たちに対し『運動には絶対に参加するな。自分の将来のことを考えろ』と命じたのです」

香港には存在しない数々の政治的な規制が目につくようになり、中国のメッキが剥がれ落ちていった。「大学に入るまで新聞を読んだことがなかった」という彼女は清華大卒業後、香港に戻って記者になった。

ジャスミン革命から約10年。今度は香港に、中国本土並みの規制が導入されつつある。記者を経て今、議員を目指す何はいう。

「国安法が施行されて、香港の『一国二制度』は終わった。もはや（中国が牽引する）一国一制度の列車から飛び降りるほかない」

「移民の勧めですか」と聞くと、かぶりを振った。

「中国共産党が敷いたレールから外れるということ。一人一人が抗争するのです。私たち民主派は立法会選で過半数を制し、議会を抗争の場所にするために戦います」

あなたにとって守るべき香港の価値とは何ですか？

「自由。自分のしたいことができる自由です。私の人生にはそれがあった。しかしデモで取材した14、15歳の中学生たちは、自分の未来が見えないでいる」

記者から抗争者になった〝立場姉ちゃん〟もまた、戦いの先が見えない。

（2020年7月19日）

龍馬ならどうするか

坂本龍馬なら、今の香港をどう見るだろうか――。

そんな突拍子もないことを考える香港人がいた。香港大社会科学学院講師の袁《えん》彌《び》昌《しょう》(42)である。戦略学を専門とする。

「香港は、黄色（民主派のシンボルカラー）と青色（親中国・政府派のシンボルカラー）に社会が分断されている状況。出口をさぐるのに、非常に参考になるのが日本の幕末だ」

現在の香港を幕末にたとえると、中国・香港政府（幕府）と対立する民主派が長州藩で、貿易を通じて財政が豊かだった薩摩藩が香港財界に当たるという。

「民主派と、政府寄りの財界はこれまで反目し合ってきた。しかし2019年、逃亡犯条例改正案の反対運動に一部の財界が呼応し、双方の距離が縮まった」

もし、今の香港に龍馬がいたら、民主派と財界の橋渡しをするのではないか。つまり

「薩長同盟」を実現させて、民主化運動の経済基盤を整え、中国・香港政府から政治的譲歩を引き出そうとするだろう。その実動部隊として、龍馬がつくった「海援隊」のような組織が香港にも必要だ。袁はそう考え、行動に移した。

袁彌昌

財界系の政党「自由党」の名誉主席、田北俊らと一緒に新党「希望連盟」を結成。しかし活動を本格化させた直後に、中国による国安法の導入が決まった。財界は国安法の支持表明を余儀なくされた。

「薩長同盟」の機運はしぼんだが、袁は、20年9月の立法会選に出馬する計画を変えなかった。「立法会選で黄（民主派）が勝っても、青（親中派）が勝っても香港は滅亡に向かう」という危機感が背景にある。

民主派が勝てば政治は大混乱に陥るだろうし、親中派が勝てばそれだけ中国の介入が強まり、「一国二制度」の形骸化が加速する。

「本来、自由な香港にはさまざまな価値観があるはず。でも今、香港という食堂にはA定食かB定食しかない。私たちはC定食を市民に提供したい」

袁が目指すのは、親中派や財界と交渉できる実務的な穏健民主派といえる。

そのバランス感覚は家庭で培われたものかもしれない。実業家の父親と芸能人の妹は民主派で、妻は親中派の立法会議員だ。袁自身、親中派政党に参加していたが、今は距離を置く。

袁が掲げる目標の一つは、龍馬と同じだという。「大政奉還」である。

「香港の場合は『政を民に還《かえ》す』。つまり（行政長官選と立法会選での）普通選挙の実現です」

中国政府にはしかし、大政奉還を決断した「徳川慶喜」はいなかった。むしろ香港は国安法施行下、「安政の大獄」前夜の雰囲気なのである。


（2020年7月20日）

4度目の逮捕に危機感

「身の安全を確保できなくなった。周りの人のことも考えないといけない。お許しいただきたい……」

香港民主派の元立法会議員、区諾軒（33）が2020年7月15日、「予備選の仕事から手を引く」と発表したとき、耳を疑った。

予備選が終わった翌日の13日に会った際には、「仕事は終わっていない。9月の立法会選に向けた候補者間の最終調整が残っている」と話していたからだ。

何があったのか。7月14日、中国政府が予備選について「国安法への挑戦だ」と非難し、関係者の処罰を香港政府に要求したことが影響しているのは間違いない。

ただ、区が本当に守ろうとしたのは、自らの身の安全ではないだろう。

20年に入り、民主派の戴耀廷・香港大准教授から区に連絡があった。「独りではできない。手伝ってほしい――」

立法会選で民主派が過半数を制するには、候補者の乱立を防がなければならない。そのためには予備選などの準備が必要だった。

「中国共産党からにらまれるぞ」と忠告する友人もいたが、区は覚悟の上で戴の申し出を受けた。

そして予備選前夜、選挙に協力してくれた世論調査会社が、警察に家宅捜索されたことをとても気にしていたのも区だった。

彼はこれ以上、周りの人を巻き添えにしたくないと考えたのだ。さらに言えば、目前に迫った自らの夢を守りたいという気持ちもあったのかもしれない。

区は反政府デモが本格化した19年6月以降、3度逮捕され、保釈された。当局による「民主派弾圧」の象徴的存在だった。「19年夏、(デモを取り締まる)警官を拡声器で非難したら逮捕された。冗談かと思った」と振り返る。

区諾軒

公判では警官襲撃罪として認定され、140時間の社会奉仕活動を命じられた。その後、議会の議事進行妨害と、違法集会参加の容疑でも逮捕された。

「民主派の政治家として今の時代の責任を負わなければならない。悔いも、恨みもない」。「ただ……」というのは家族のことだ。警察は逮捕するためにいつも自宅に押しかけてきた。

「だから、夜中に玄関の外で人の話し声が聞こえると、妻はおびえるようになってしまった。申し訳なく思う」

夢がある。東京大の公共政策大学院で博士号を取得すること。「より良い政策を立案することが政治家としての誇りだと考える」からだ。そのため今回の立法会選には出馬しなかった。

社会奉仕活動を終えた10月末にも日本に向かう。しかしそれが可能なのか。3カ月先さえ、どうなっているのか分からない不安が香港を包み込んでいる。（2020年7月21日）

自主規制する自分が情けない

英国統治が香港に残したものに、強固な官僚機構がある。2020年6月末、施行された国安法によって、18万人の公務員組織に〝中国化〟の波が一気に押し寄せている。

香港政府の経済部門で働く30代前半の陳文恵（仮名）に、初めて会ったのは20年1月のこと。１００万人以上が参加した元日の反政府デモの後だった。7月、半年ぶりに再会した陳はにこりともせず、こう言った。

「あれもダメだ、これもダメだ、と上からの締め付けが強まっています」

中国の全人代で、国安法を香港に導入する方針が決まった5月下旬以降のことだ。

「こんな文書が全ての公務員に送付されました」

6月19日付のその文書の差出人は聶徳権《じようとくけん》・公務員事務局長。陳は文書の中の一文を指し示した。

《公務員は行政長官と政府に対し、完全な忠誠を示さなければならない》

陳は「完全な忠誠を要求されたのは、公務員になってから初めて。とても驚いたし、これからのことが心配になった」という。

行政長官を習近平国家主席、政府を中国共産党に置き換えれば、中国本土の組織そのものである。陳の不安は的中する。まず、国安法によって公務員は新たな職務に就く際、政府への忠誠を誓うことが義務付けられた。

さらに、聶は立法会で「公務員が反政府デモに参加することは許されない」との見解を示した。19年、公務員らによる4万人規模の反政府デモが起きたことが背景にある。聶はメディアでこんな趣旨の発言もしている。「公務員は何でも自由に話せるわけではない」

陳は、これを「警告」と受け取った。反政府デモに参加し抗議活動を支持してきた彼女は、SNS上の自らの政治的コメントを一つ一つ削除していった。

「そのうち、自主規制する自分が情けなくなって……。どうして自由に意見が言えないの？　私は公務員である前に1人の市民。どうして政府が間違っていると言ってはいけないの？」

陳に今回、聞いておきたいことがあった。

――まだ、子供をもつことを考えていますか？

「社会ががらりと変わり未来が全く予測できないので……」。言葉を濁した。

そんな質問をしたのは、陳が半年前、「ようやく子供をもつ気になりました。夫と相談しています」と話していたからだ。

「毎日のようにデモがあるのに不安はない？」。当時そう聞くと、彼女は答えた。「デモに参加するうち、『命をつなぎたい』と考えるようになったのです」

陳の悲しみを前に、改めて国安法の闇の深さを思い知るのだ。（２０２０年7月22日）

どこに地雷が埋まっているのか

中国の国家政権転覆行為などを禁止する国安法の施行を受けて、香港の金融街では歓迎ムードが醸成される一方、業界の関係者たちは「どこに地雷が埋まっているか分からない」と警戒感を募らせている。

香港の金融街、中環（セントラル）にそびえる香港上海銀行ビル。同行の親会社、英金融大手ＨＳＢＣホールディングスは「香港の社会秩序を安定させる」として、国安法への支持を表明している。他の大手銀行も同様のスタンスを取る。

「業務上の〝支持〟にすぎない。顧客の企業には中国系が多いので、そうするほかない」と話すのは、中環にオフィスを構える証券会社の香港人幹部、張漢勝（38）＝仮名＝だ。新規株式公開（ＩＰＯ）業務を担っている。同社も中国系である。

「米国市場に上場している中国の有力企業が、香港に重複上場する動きが相次いでいる。香港市場は活況を呈しているようにみえるかもしれない。しかし……」

香港の金融街、中環で2020年1月に行われた反政府・反中国共産党デモ

中環のビルではオフィスの解約が増えつつあるという。外国企業の撤退が始まっているのだ。経済状況の悪化だけが原因ではない。国安法の中長期的影響も考慮しての動きだと、張は見ている。

「香港のビジネスは（米、英、香港で通用する）コモンロー（慣習法）によって保障されてきた。過去の判例を重視する法体系だから、ビジネス上のトラブルも予測可能だった。しかし国安法ではそういかない」

国安法は香港の他の法律より優先される上、中国側が条文の解釈権をもつ。中国本土へ容疑者を移送し、中国本土の法律で裁くことも可能だ。全ては中国側の意向次第といえる。

　また国安法は、海外勢力のために中国の国家安全にかかわる国家機密や情報を窃取したり、探ったりすることなども禁じている。

「しかし国家機密の定義があいまいだ。国安法の適用範囲も広く、どこに地雷が埋まっているか分からない中で、ビジネスをしていかなければならない」

　そう警鐘を鳴らす張には〝特技〟があった。不動産や会社を売買して資産を増やしていくボードゲーム「モノポリー」に、めっぽう強い。世界選手権出場の実績を持つ。

「交渉力、情報把握力を養える。５歳のころに始めた。もちろん人生は、ゲームより複雑だけどね」

　ゲームに国安法のような〝落とし穴〟はない。プレーヤーは刑務所に入ってもゲームを続けられる。唯一、破産をした場合、ゲームオーバーとなる。

　現実はどうか。破産をしても人生は終わらない。でも「中国本土に移送されたら、おしまいだ」。そう考える香港人は実に多い。

（２０２０年7月25日）

揺れる香港 一人一人を書いた

香港はこの1年余り、大きく揺れ動いた。主催者発表で200万人が参加した反政府デモ、催涙弾と火炎瓶が乱舞した大学の攻防戦、民主派が歴史的圧勝を収めた区議会選挙、そして「一国二制度」に引導を渡した国安法の成立――。現場で身震いしながら、どのように伝えたらいいのか自問自答の日々だった。

2019年6月に本格化した反政府デモは「リーダーなき抗議活動」となった。ネットを通じて多様な活動が呼びかけられたが、その主催者はさまざま。警察はデモを収束させるのに誰を逮捕したらいいのか、政府は誰と交渉したらいいのか分からないありさまだった。取材する側も同じである。

「俺はベトナムに行ってそこで暮らす人を書くよ」

ベトナム戦争末期の1970年代、産経新聞の近藤紘一特派員はこう言ってサイゴン（現ホーチミン）に飛び込んでいった。戦争というものを、大所高所《たいしょこうしょ》から論じるのではなく、戦時下の住民の息遣いを通して描く決意だったのだろう。

その言葉が頭をよぎったのは200万人デモの最中だった。人、人、人の真っただ中で私は無性に腹が立っていた。80行ほどの記事でこれを書き切るのは無理な話だ。目の前の一人一人を、根気よく描いていくほかあるまい。そう腹をくくった。かくして連載「香港に生きる」が始まった。

取り上げたのは無名の人々だ。事務職員を辞めてデモの最前線に立ち、心身ともに傷ついた女性、教え子が逮捕されることに苦しみながらも胸を張る教師――。

新聞記者になりたてのころ、「記者には虫の目、鳥の目が必要だ」と教わったものだ。「香港に生きる」は「虫の目」によるアプローチだった。それでは「鳥の目」とは何か。違いは対象との距離や視点の高低差などではない。「虫の目」が集まって「鳥の目」になることを、香港で知った。

20年6月30日夜、市民たちの自由を制限する国安法が施行された。翌日の記事「香港は死んだ」は、事実ではなく歴史を書いた。香港の現場からは、中国という国のかたちがよく見える。

（２０２０年10月13日）

おわりに――自由が滅びることはない

私が香港から帰国して、今年10月で1年が過ぎた。ようやく、新型コロナウイルス対策によって門戸を閉ざしてきた香港にも、入境できるようになった。

「11月に香港に行きます」。現地の香港人にＳＮＳで知らせると、こんなメッセージが返ってきた。

「香港人として、今の香港は、あなたに見せたくないほど悲しい……」

当初、昨年９月に行われる予定だった立法会（議会）選挙は１年の延期が決まった後、再延期され、いよいよ今年12月19日に実施される。

しかし、選挙制度は改悪され、反政府デモに関わった民主活動家の立候補の道が閉ざされたのは、本書にある通りだ。民主派最大政党、民主党はこの10月、立法会選挙に候補者を擁立しないことを正式決定した。事実上のボイコットである。今後、中国・香港当局による民主党への解散圧力が強まるだろう。

民主派は２０１９年11月の区議会（地方議会）選挙で圧勝し、全体の８割超となる約３９０議席を獲得した。が、その後、香港国家安全維持法（国安法）違反などの容疑で逮捕されたり、政府に忠誠を誓うことを拒否して資格が剥奪されたりする議員が続出。民主派区議は約60人に激減した。

これまで天安門事件追悼集会を主催し、中国共産党による「一党独裁の終結」を訴えてきた香港市民愛国民主運動支援連合会（支連会）も、国安法の国家政権転覆扇動罪で起訴され、解散に追い込まれた。

香港の団体ばかりではない。国際人権団体アムネスティ・インターナショナルも10月下旬、「香港で自由に活動することは事実上不可能になった」と香港支部を閉鎖した。香港メディアの集計では、今年に入ってからすでに50以上の団体などが解散を決めたという。

香港政府によると、６月末の人口は７３９万４７００人。１年間に８万９２００人が香港から域外に流出した。19～20年の４倍以上という。国安法施行後、海外への脱出が急増したのは間違いない。

教育現場も激変した。社会問題などをテーマに生徒の考える力を育成してきた科目で、本書でも取り上げた「通識」は廃止された。９月の新年度から、中国国民としての意識を高める「公民と社会発展」に改称され、中国本土での視察も実施するという。あまりの変わりように開いた口が塞がらない。

教師の4割が離職の意向を示したとの調査結果もある。

市民の娯楽にも影響は及ぶ。映画の検閲が強化され、当局が「国家安全の利益に反する」と判断した作品の上映を禁止することができるようになった。一時代を画した香港映画は完全に輝きを失った。

これらの元凶は、もちろん国安法である。

昨年、国安法が施行された翌日の産経新聞の1面トップに、私は「香港は死んだ」の記事を書いた。その際、50年後、100年後に読んでも耐えうる記事、つまり、将来、国安法施行がどう歴史的に評価されることになるのか――を端的に書こうと考えた。

そして、一国二制度下の香港に「死亡宣告」をした私は、これで香港問題から離れられなくなったと覚悟した。大きな責任を背負ったのだ。

今年3月、一連の香港報道に対し「ボーン・上田記念国際記者賞」をいただいた際には、お祝いの言葉の数々に「恥ずかしながら……」と答えた。

香港でインタビューをした民主活動家のほとんど全員が逮捕され、今なお獄中闘争を続ける知人もいるというのに、自分は表彰される。やはり、恥ずかしいことだ。

私は香港に行く。11月中旬に日本を発ち、約1年ぶりに香港に入境する。

「国安法施行後、外国メディアも危険だ。行かない方がいい」と心配してくれる人もいる。だが、12月19日に予定される立法会選挙を、国安法施行後のその投票風景を、目に焼き付けたい。

中国総局長として北京に駐在中、新疆ウイグル自治区やチベット族自治州へ行くと必ず、尾行、インタビュー阻止、宿泊拒否など、公安当局の激しい妨害に遭《あ》った。

香港でも当局に邪魔をされるのか。もしそうなら、香港がウイグルやチベットと同列になったということだ。「はじめに」で取り上げた、符凱晴さんの言葉を当局に送りたい。

「どうぞお好きなように——」

香港では今、わが友が言うように「悲しい」光景が広がっているのだろう。

香港人よ、つらくなったら、名優チャプリンの映画『独裁者』を観《み》るといい。映画の最後に、チャプリンが独裁者への抵抗を呼び掛ける演説シーンがある。

「絶望してはならない！」「独裁者は死に絶え、権力は民衆の手に戻るだろう」と訴えた後、チャプリンは、こう声を震わせるのだ。

「人間には必ず死が訪れる。だから自由が滅びることはない」と。

最後になったが、「『20年前の香港』も一緒に収録すればおもしろいのでは……」という私の無茶な提案に賛同し、編集作業に当たってくださった産経新聞出版の市川雄二氏に謝意を表したい。市川氏がいなければ、この本は存在しなかった。

世界中で戦っている香港人に、本書を捧げる。

2021（令和3）年11月5日　藤本欣也

「ボーン・上田記念国際記者賞」受賞講演録

香港は死んだ～現場からの報告～民主派は敗れたのか？

最初の香港特派員時代

本日は、ボーン・上田記念国際記者賞の授賞理由となりました香港問題について、私がこの目で見た状況、この耳で聞いた情報をご紹介しながら、香港の現状と今後について考えてみたいと思います。

私は１９９０年の入社後、社会部を経て外信部に配属となり、98年、最初に特派員として赴任した先が香港でした。その後、欧州、東南アジア、韓国の支局長を経て、２０１６年から19年10月まで北京で中国総局長として中国問題に携わってきました。中国での３年間は、習近平国家主席がその強権的手法を確立していく時期でした。さまざまな取材妨害を受けながらも、新疆ウイグル自治区やチベットの取材を重ねました。

ちょうど香港で大規模なデモが起きた２０１９年６月から９月までは、北京から香港にたびたび出張して取材していました。10月にいったん人事異動で東京に帰りましたが、すぐに香港に舞い戻り、20年10月まで1年間香港に滞在したわけです。

これまでアフリカを含め数々の取材現場を踏んできましたが、中でも、香港と北京の特派員の経験、すなわち、返還直後の一国二制度がまだ機能していたころの香港を見聞し、習政権下のウイグルを取材した経験がその後の香港報道に活かされたと考えています。

まずは、その最初の香港特派員時代についてお話ししようと思います。赴任したのは1998年秋。返還から1年余りがたったころです。それから2001年まで約2年半滞在しました。当時の香港の特徴をまとめるとこのようになります。

・香港メディアが元気
・中国にモノ申す香港政府
・慎重な中国政府
・政治に無関心な香港市民

1番目の「香港メディアが元気」というのはこういうことです。香港では新聞の宅配制度がありませんので、その日の紙面で売り上げが左右される。このため、扇情的な見出しが1面に躍るのです。殺人の現場、飛び降りた瞬間……。

今からは考えられませんが中国の国家元首、中国共産党トップも格好のネタでした。当時は江沢民氏。感情が表に出やすい人物で、当時の董建華・香港行政長官との面会時に、香港メディアの質問にいらだち、激《げき》し、怒る、その一部始終が香港紙の紙面を飾ったわけです。

2番目のモノ申す香港政府とは、政府ナンバー2の政務官、陳方安生（アンソン・チャン）氏のことを指しています。英領時代の最後の香港総督、パッテン氏に引き立てられた香港人女性で、いわば、英国の置き土産でした。歯に衣着せぬ発言で知られ、中国が香港の自治に干渉しようものなら、カメラの前に立ち、カメラの向こうにいるであろう中国当局をにらみつけながら、一国二制度の順守を迫ったわけです。

一方の中国側は、これも今となっては考えられないことですが、控えめな対応に終始し、時に問題発言はするものの、その後、発言を修正するなど火消しに追われる有様でした。

総じて言えば、返還直後ということもあり、中国と香港の間に緊張関係があった、そんな時代でした。

香港市民はというと、当時、アジア金融危機の影響もあって、返還時にピークを迎えた「100万ドルの夜景」が値崩れした、と言われていました。ですから、財力のある人は海外へ移民、ない人はどうやって金を稼ぐか、つまりは経済に関心が集中していたのです。たとえば、1999年の区議会選の投票率は35・8％しかありませんでした。20年後の2019年には倍の71％に伸びています。

ただ、当時はまだ、天安門事件から10年ほどしかたっておらず、香港に駐留する人民解放軍への嫌悪感、警戒感が根強くありました。

無数の人が無数の蟻のように見え始めた

私が2001年に香港を離れた後、03年に香港市民は大規模なデモを行います。香港政府が国家への反逆行為を禁じる国家安全条例を立法会（議会）を通じて制定しようとしたからです。この条例は、香港のミニ憲法である「香港基本法」に、香港が自ら制定しなければならないと規定されている長年の政治課題でした。しかし、一国二制度で認められている言論や集会の自由が脅かされると、50万人規模の抗議デモが起きたのです。寝ていた子を起こしてしまったんですね。でも、この時は当時の董建華行政長官が条例案を撤回し、デモは終息しました。

その後、中国と香港の間でトラブルが目につき始めるのは2012年以降、習近平氏が中国共産党総書記に就任し、香港への関与・介入を強めてからです。まず2012年には、中国の意向を受けた香港政府が愛国教育のカリキュラムを学校教育に導入しようとして、激しい反対運動に遭いました。この反愛国教育運動を引っ張ったのが、黄之鋒（ジョシュア・ウォン）、周庭（アグネス・チョウ）ら中高校生たちで、座り込みやハンガーストライキなどを行い、結局、政府に愛国教育の導入を断念させました。

14年には、返還後最大規模のデモが起きました。「雨傘運動」です。

親中派らの間接選挙で選ばれてきた行政長官がいよいよ、17年の選挙では18歳以上の全有権者による普通投票で決まることになっていて、期待が高まっていました。しかし結局、基本法の解釈権を持つ中国・全国人民代表大会（全人代）常務委員会が「立候補するには、指名委員会1200人の半数以上の支持が必要」と決めてしまいました。指名委員会は親中派が大半を占めることが見込まれていて、これでは、民主派が立候補することは事実上不可能です。「偽の普通選挙だ」と反発した学生ら市民が、真の普通選挙実現を求めて香港中心部の道路の占拠を始めます。警察は催涙弾計87発を撃ち込んで強制排除し、雨傘運動は79日間で終わりましたが、香港は大混乱に陥りました。

15年10月には、政治的に敏感な書籍など、中国本土の発禁本を専門に販売していた香港の書店店主や関係者5人が香港、中国本土、タイで失踪する事件が起きました。その後、中国当局に連行、監禁され、取り調べを受けていたことが明らかになり、香港市民を震え上がらせました。

そして2019年6月を迎えたのです。

発端は、容疑者の身柄を中国本土に移送できる「逃亡犯条例改正」案への反対運動でした。香港人の若い男が台湾で恋人を殺し、香港に逃げ帰ったのですが、香港と台湾の間には犯罪人引き渡し条約がないので、香港当局は別件の微罪で逮捕することしかできませんでした。そこで香港政府は香港から、台湾、マカオ、そして中国本土へ犯罪人の身柄を移送できるように法整備をしようと考えたのです。

これに香港の人々が激しく反応しました。

あれだけ大規模なデモに発展した背景には2つのことがあると思います。

まず、デモの中心を担った若者たちは返還前後に生まれた世代、つまり、一国二制度の下、中国本土では認められていない自由を謳歌してきた世代です。彼ら彼女たちは、植民地に生まれ育ったのではなく、中国・香港に生まれ育ち、故郷に誇りを持てる世代でした。

香港は自分たちの両親の世代のような、経済的に成功を収めるための踏み台ではなく、自分たちが暮らし、そして死にゆく場所、守るべき故郷と感じる人が増えていたのです。

次に、香港の人々はもともと、第二次大戦後、共産中国の支配から香港に逃れてきた祖先をもつケースが多い。そんな人々にとって、中国に送還されて、中国の法律で裁かれるということは受け入れられない。中国脱出組のＤＮＡが黙っていなかったのです。老若男女がデモ行進に参加し、主催者発表で１００万人を上回る規模に膨らんだわけです。

しかし、香港政府は03年の50万人デモの時とは異なり、立法作業を中断しませんでした。そして1週間後の6月16日、史上最大の２００万人デモが起きるのです。

私も現地で取材していましたが、とにかく驚きました。大通りを埋め尽くした人々がゆっくりゆっくり行進していくのですが、その場景がいつまでも変わらない。後ろから、脇道から、人がどんどん大通りに吸い込まれるように集まってくるわけです。そのうち、無数の人が無数の蟻のように見え始め、それが視界全体で小刻みに動き続ける。気分が悪くなったのを覚えています。

そして、この時のデモで初めて市民たちの要求が具体的に示されました。それが「5つの要求、一つも欠けてはならない」です。逃亡犯条例案の完全撤回、デモやデモ参加者を

デモ取材中の著者（手前左端）＝蘋果日報ホームページより

暴動・暴徒と呼んだ政府発言の撤回、警察の過剰な暴力に関する調査、逮捕者の釈放、さらには、雨傘運動で挫折した真の普通選挙の実現の5つです。

6月30日深夜から7月1日にかけては、デモ隊が立法会に突入するなど、デモ隊と警官隊の衝突は激化していきました。そして9月4日、ついに林鄭月娥行政長官は逃亡犯条例改正案の撤回表明に追い込まれます。しかし、抗議デモは収まりません。5つの要求、一つも欠けてはならない、ですから。

デモ参加者の要求は変わりませんが、デモは様変わりしていきます。

たとえば、6月9日は平和的でした。デモ隊の掛け声も「香港人頑張れ！」。救急車やバスが通過する際には、大声を出し合って道を開けるという秩序ある大規模デモだったのです。

しかし10月1日になると、反中色が強まります。この日が国慶節で、北京では建国70年を記念した軍事パレードが挙行されていたことも関係しているでしょう。香港人は分かっています。香港政府をいくらたたいても、背後に控える中国共産党が変わらない限り、どうにもならないことを。ただ、これまでは対中批判を控えてきました。1989年の天安門事件を知っている世代は「反中・反共のスローガンを叫べば、中国共産党の虎の尾を踏むことになる」とわきまえていたからです。

しかし、返還前後に生まれ育ち、天安門事件を知らない若者たちはお構いなしです。ついに一線を越えました。はじめは反政府デモだったのが10月1日を境に反中デモの色彩を一気に強めました。中国国旗とナチスの旗を同一視したプラカードが掲げられ、スローガンも「香港人、頑張れ！」から、「香港人、抵抗せよ！」に変わったのです。遺影仕立ての習近平氏の写真を地面に張り付け、踏んづけて行進したほか、中国系の銀行や親中派の商店が焼き討ちにあったりしました。

これに対し、香港警察は本腰を入れて取り締まりに乗り出します。

まず、大量の催涙弾を撃ち続けました。6月から12月までに撃った催涙弾は計1万6000発。2014年の79日間にわたる雨傘運動の総数87発を毎日撃っていた計算になります。さらに実弾発砲も加わり、若者たちが大量逮捕されていきました。

節目となったのは11月に2つの大学であった大規模な攻防戦です。香港中文大学と香港理工大学ですね。私が中文大に取材に行ったときは構内で女子学生らが火炎瓶を作っていました。中文大で最も激しかった時には一晩で1000発の催涙弾と200本の火炎瓶が飛び交ったといいます。結局、両大学とも力でねじ伏せられ、勇武（武闘）派と呼ばれた若者たちは一網打尽にされてしまいます。

彼らに代わって反政府・反中活動の表舞台に立ったのが、和理非（平和・理性・非暴力）派でした。民主派の候補者として11月24日の区議会選挙に立候補し、民主派勢力が8割以上の議席を占める大勝を果たしたのです。しかし悲しいかな、地方議会に当たる区議会にはそもそも、国会に相当する立法会と違い、立法機能がありません。政府に地域の問題を助言する諮問機関の役割しか与えられていないのです。政府はこれを無視しました。

まとめると、こうなります。勇武派の若者たちは逃亡犯条例改正案の撤回を勝ち取ったものの一網打尽にされてしまいました。次に和理非派ら民主派勢力は区議会選に勝ちはしましたが結局、何も状況は変わらなかったのです。万策尽きたような状況下、台頭してきたのが独立派でした。

２０２０年1月1日に行われたデモでは、「香港独立」の旗やポスターが目立つようになり、香港独立を主張する参加者が増えていました。デモのスローガンの多くも「香港独立が唯一の道！」となったのです。

特に、独立の主張に共鳴したのが小中学生でした。彼らには固定観念というものがまだありません。柔軟なのです。「5つの要求全てを実現するには、香港独立しかない」という主張が一番、納得できるのです。こうして元日デモは、さながら独立要求デモになりました。

特派員人生で最も多忙な日々

しかし、これ以降、新型コロナウイルスの感染拡大が香港でも始まり、抗議活動どころではなくなります。政府はコロナを利用し、一時期、３人以上の集まりを禁止する措置もとりました。街頭デモはできなくなったのですが、その一方で民主派勢力は20年９月に予定されていた立法会選挙に照準を合わせて準備を進めていた、まさにそのときです。

忘れもしない20年5月21日、新型コロナで延期されていた全人代の開幕を翌日に控えたその日の夕方、北京からニュースが飛び込んできました。国家安全法を香港に導入する議案が全人代に上程されるというのです。

全人代は、「ゴム印」と揶揄されるように、議案を追認するだけの翼賛議会です。議案の上程が決まった段階で、議案は全人代を通過したも同然。つまり、早晩、香港人の自由を奪う国家安全法が施行されることになる……。

そのとき、香港がこれから置かれる状況をかなり正確に予見できました。

われわれメディアにとっても大変なことになったと思いました。果たして、国安法施行後、民主派や市民たちは外国人記者のインタビューに答えてくれるのか。取材に応じてくれても自らの考えをありのまま話してくれるのだろうか。そして、私たちはそれをそのまま伝えていいのか。

ならば、答えはただ一つ、国安法が施行される前に聞いて、書くことしかない。施行のXデーと目されていたのは返還記念日の7月1日。それまでに残された時間は1カ月ちょっと。特派員人生で最も多忙な日々が始まりました。

まずは、中国批判の報道で知られる蘋果日報（アップルデイリー）の創業者で、実業家の黎智英（ジミー・ライ）氏からインタビューのアポイントを取ることに全力を挙げました。黎氏は中国共産党が香港で最も敵視する人物です。２０１９年にデモが本格化して以降、インタビューできたメディアはほとんどなく、少なくとも日本の新聞ではありませんでした。政治的に極めて敏感な人物だったからでしょう。結局、インタビュー記事を掲載できたのが6月下旬。何とか間に合いました。

こうしたインタビュー記事を書くとともに、「一国二制度の死」「自由が消える香港」などの企画記事も緊急連載し、いよいよ6月30日の国安法の施行日を迎えました。

香港・九竜地区を取材中の著者

産経新聞の社是には、民主主義と自由のためにたたかう、という一節があります。その信条をもとに産経新聞は積極的な香港報道を展開し、「国安法が導入されると、香港の自由は失われる」と警鐘を鳴らしてきました。しかし、中国当局は国際社会の批判を無視し、国安法の導入を強行します。ならば、最後に追悼文を載せようということになったのです。

それが7月1日付の「香港は死んだ」の紙面でした。一国二制度下の香港は死んだ、という意味です。その日のうちに広東語に翻訳され、ネットに出回り、香港メディアでも取り上げられました。「その通りだ」「涙が止まらなかった」「よくぞ書いてくれた」という市民の反応が多かったようです。

「まだ香港は死んだわけじゃない」という批判的な意見は、日本発が多かったと思います。日本から眺める香港はまだそれほど深刻に映らなかったのかもしれません。

国安法には国家分裂、政権転覆、テロ活動、海外勢力との結託の4つの罪が規定されています。最高は終身刑。そして、重大な事件では中国本土に移送され、中国で裁判を受けるとも明記されているのです。いわば、例の逃亡犯条例の復活です。さらには、香港域外の活動や、外国人にも適用されるというとんでもない法律でした。

「一番大切なことは目に見えないんだよ」

さて、国安法の施行前後で何が変わったのでしょうか。

反政府、反中、香港独立のスローガンを自由に口にできなくなった。つまり、「光復香港　時代革命（香港を取り戻せ　私たちの時代の革命だ）」の旗や、香港独立の旗の所持ができなくなりました。

デモのテーマソング「香港に栄光あれ」が歌えなくなりました。

警察の窓口にホットラインが開設され、密告が奨励されました。２０２０年11月の開設から約半年で８万件以上の密告があったと警察は発表しています。単純計算で１時間に18件、10分に３件以上の計算です。

デモ、集会がこれまで以上に認められなくなったのは、もちろんです。蘋果日報以外、国安法を批判する新聞もありません。市民の間ではＳＮＳ上の政治的メッセージを消去する動きが広がりました。社会全体で萎縮、自主規制、自己検閲が進んでいったのです。

警官隊と学生が激しい攻防戦を繰り広げた大学構内も様変わりしました。香港中文大ではデモ当時、学生たちがバス停などと大学を結ぶ陸橋から、下の車道に向けて様々なものを落とし、車の通行を遮断する妨害活動を行っていました。経済活動をマヒさせるのが目的ですね。それを防ぐため、大学当局は陸橋の両側に、まるで監獄のような鉄条網や防護壁を作り上げました。

学内の掲示板も、以前は抗議ポスターなどが張り巡らされていました。その後、政治的なポスターは全て撤去され、掲示板にも近づけなくなりました。

国安法の施行を経て、学生や市民たちは言論の自由、集会の自由を奪われましたが、みんなが黙ってしまったわけではありません。あの手この手で抗議活動は行われました。

デモが盛んだったころは、香港各地に、様々なスローガンを付箋や紙に書いて張り付ける「レノンウォール」という場所ができていました。それらも大半が撤去されましたが、民主化運動を支持するコーヒーショップなどには付箋を張り付けるコーナーが残りました。しかし、スローガンをそのまま書けば国安法違反で罪に問われます。だから、その付箋には何も書かれていません。何も書かないこと、それを抗議手段にしたのです。まさに、フランスの作家、サン＝テグジュペリが『星の王子さま』で記した「一番大切なことは目に見えないんだよ」なのです。

抗議活動の場でも、政治的要求を書き込んだプラカードから、「白紙」のプラカードが掲げられるようになりました。警官隊の前で蘋果日報を読む、あるいは無言で蘋果日報を掲げる人もいました。

こうした市民一人一人のまさに「声なき声」が、一つの大きな目に見える形となって表れた出来事があります。国安法施行から2週間もたっていない7月中旬、まさかの「61万人デモ」が起きたのです。

それは、街頭デモではなく、選挙を通じて行われました。

2020年の9月に予定されていた立法会選挙の候補者を絞り込むための予備選を、民主派は全ての有権者を対象に7月に実施したのです。でも所詮、民主派内の人気投票のようなものであり、また、当局は「国安法違反の疑いあり」と盛んに警告し、投票日当日朝には関係機関の家宅捜索まで行いました。脅しですね。

正直、私もそれほど投票は盛り上がらないのでは、と考えていました。

ところが、ふたを開けてみると、各投票所には長い列ができました。61万人もの市民が投票したのです。確かに有権者全体では13%にすぎませんが、当局の圧力のもと、国安法反対のデモに61万人が参加したと考えれば、決して少ない数字ではありません。私は香港の北から南まで投票所を精力的に回りました。恐らく香港最後の自由な選挙になる、そんな思いがしたからです。投票所に足を運んだ市民からも同様の感想が聞かれました。

しかし、この予備選に参加した民主派メンバーら47人は、今年（2021年）になって国安法違反で一斉に逮捕、起訴されました。大半がまだ獄中にいます。このほか、私がインタビューをした黎智英氏や黄之鋒氏ら民主活動家の多くも獄につながれたままです。

香港の運動は始まったばかり

結局、香港はどう変わってしまったのか。

講演の冒頭、指摘した約20年前の香港の特徴はどうなったのでしょうか。

・香港メディアが元気→香港メディアも自己検閲

・中国にモノ申す香港政府→中国に言いなりの香港政府

・慎重な中国政府→直接介入する中国政府

でも、政治に無関心だった市民はどうでしょうか。いったん政治に目覚めた市民は再び政治に無関心になってしまったのでしょうか。私はそうは思いません。無関心を装っている、仮面をかぶっているのです。

2019年6月、香港で大規模デモが起きたと聞いて、久しぶりに香港にやって来た私が「あ〜、香港は中国にのみ込まれている」と愕然とした光景があります。立法会と政府庁舎、行政長官オフィス、そして解放軍駐屯地ビルが隣り合っていたのです。「普通じゃないか」と思う人もいるかもしれません。でも私が最初に香港に来た1998年当時は、行政長官オフィスも、立法会も、政府庁舎も別の場所にありました。中国への警戒感、解放軍へのアレルギーが強かったあのころであれば、まるで解放軍に守られているかのような、庁舎の移転は香港市民が猛反発して実現できなかったでしょう。

起工は2008年、移転は11年に行われています。四川大地震と北京五輪があった08年は、香港で史上最も中国人意識、中国熱が高まった時期でした。だから可能だったのかもしれません。いわば、中国の香港統治は順調に進んでいたのです、2019年までは。

国安法施行以降、民主派は確かに追い込まれています。

一国二制度下の香港は死んだ、しかし果たして、香港の人々は敗れたのでしょうか。

いいえ、一国二制度の欺瞞《ぎまん》性を白日の下にさらした2019年の運動は決して無駄ではありません。ウイグル、台湾、南シナ海問題とも呼応し、米欧諸国の対中制裁を導きました。中国への反感や、懐疑的見方はこれまでになく国際社会で広がっています。

果たして、獄につながれた民主派の人々はみな転向してしまうのでしょうか。100万人デモ、200万人デモに参加した香港市民たちは、あの時の思いや記憶を消し去ることができるのでしょうか。また、経済的に移住できない人たちは、いつまで息をひそめることができるでしょうか。

香港で行われた 2019 年 12 月 8 日の反政府デモ。「昨日の新疆・チベット」「今日の香港」「明日の台湾」と記されたのぼりも掲げられた

香港独立こそが唯一の道と考えた小中学生たちはどうなっていくのでしょう。

長い歴史の視点で見れば、香港の運動は始まったばかりです。その運動はこれまでも過去の欠点を補いながら続いてきました。

考えれば、国安法の導入も一国二制度が終わる２０４７年の直前であれば、大きな問題にはならなかったのかもしれません。香港もそれほど傷つかず、中国もダメージを受けず、一国二制度も輝かしい制度として命脈を保った可能性があります。しかし、そうはならなかった。

２０１９年12月8日のデモでは、「昨日の新疆・チベット、今日の香港、明日の台湾」の旗が掲げられました。確かに、新疆ウイグルやチベットで起きたことが香港でも起きつつあります。「昨日のウイグル・チベット」は「今日の香港」かもしれません。でも、「今日の香港」は決して「明日の台湾」ばかりではないのです。

私たちは現代の歴史の証人として、香港のことを忘れず、運動の行方を見続けていこうではありませんか。そして何よりも日本人にとって、香港問題とは私たちの隣国の中国問題でもあるのです。香港を通じて中国がどういう体制なのかがよく分かる。香港から目を離してはならない。「今日の香港」が「明日の日本」とならないように。

（2021年5月1日　横浜市中区　日本新聞博物館）

関連年表

1997年	7月1日	香港の主権が英国から中国に返還される。中国は、50年間は香港に高度な自治を認め、言論などの自由を保障する「一国二制度」を約束した
2003年	7月1日	香港政府の国家安全条例草案に50万人が反対デモ
	9月	香港政府が草案を撤回
2013年	3月14日	習近平氏が中国国家主席に就任
2014年	12月15日	同年9月から続いた民主化運動「雨傘運動」を警察当局が強制排除
2015年	10～12月	銅鑼湾書店事件で店長ら5人が失踪
2019年	3月	逃亡犯条例改正案の反対運動がスタート

4月3日	香港政府が立法会（議会）に逃亡犯条例改正案を提出
6月9日	反対運動が本格化。103万人がデモに参加（警察発表24万人）
6月12日	審議続行に市民が抗議、立法会前で警察と激しく衝突
6月15日	改正案審議の無期限延期を香港政府トップの林鄭月娥行政長官が表明
6月16日	デモの規模が香港史上最多の200万人に（警察発表34万人）
7月1日	若者らが立法会に突入・占拠。警察が強制排除
7月21日	デモ隊が中国の香港出先機関を包囲、白シャツ姿の男らがデモ参加者に暴行
8月12～13日	デモ隊が香港国際空港を占拠
8月31日	太子駅構内で警察が若者らに過剰暴力
9月4日	林鄭月娥行政長官が逃亡犯条例改正案の撤回を表明
10月1日	中国建国70周年記念日に反中デモ。警察が初めて実弾発砲、男子高校生が重傷
11月2日	中国国営通信社・新華社香港支社をデモ隊が襲撃
11月11日	警察が実弾3発発砲、21歳男性被弾
11月11～15日	香港中文大学衝突

11月13～29日	香港理工大学衝突
11月24日	区議会選で民主派が圧勝
11月27日	米国で香港人権民主法成立
12月8日	世界人権デー（同月10日）に合わせたデモ行進に80万人が参加
2020年	
1月1日	元日デモに103万人が参加。最後の大規模デモに
3月29日	新型コロナウイルスの防疫措置として集会規制開始
4月18日	警察が民主派15人を一斉逮捕
5月28日	中国の全国人民代表大会（全人代）で香港への国家安全法制導入が決定
6月30日	香港国家安全維持法施行
2021年	
3月30日	全人代常務委員会が「愛国者統治」に向けた香港選挙制度の改悪を決定
6月4日	天安門事件から32年。当局がビクトリア公園での追悼集会の開催阻止
6月23日	蘋果日報が24日付を最後に新聞の発行を停止すると発表

（日付は現地時間、デモ参加者数は主催者発表）

本書は産経新聞に掲載された記事を基に加筆・削除し、再構成しています。末尾に初出の日付を記しました。年齢・肩書きは記事執筆当時のもので、一部を除き敬称を略しました。

現地の写真は藤本欣也が撮影しました。

藤本欣也（ふじもと・きんや）

産経新聞元中国総局長。1963（昭和38）年大阪府茨木市生まれ。早稲田大学第一文学部卒業後、韓国・延世大学に語学留学。90年産経新聞社入社。96年フランスに語学留学。香港支局長（1998～2001年）、ブリュッセル支局長、シンガポール支局長、ソウル支局長、中国総局長（2016～19年）、東京本社副編集長を経て、現在は外信部編集委員兼論説委員。2019年10月から20年10月まで香港に長期出張、その一連の香港報道に対し2020年度「ボーン・上田記念国際記者賞」受賞。著書に『インドの正体　好調な発展に潜む危険』（産経新聞出版）、共著に『声なき声を語り継ぐ』（新潮社）など。

香港人は本当に敗れたのか

令和３年12月４日　第１刷発行

著　　者　藤本欣也
発 行 者　皆川豪志
発 行 所　株式会社産経新聞出版
〒100-8077 東京都千代田区大手町 1-7-2
産経新聞社８階
電話　03-3242-9930　FAX　03-3243-0573
発　　売　日本工業新聞社　電話　03-3243-0571（書籍営業）
印刷・製本　株式会社シナノ

ISBN 978-4-8191-1407-3　C0095